Gernot Amelang

Erlangen

Gernot Amelang

Erlangen Gestern & Heute

Das Porträt einer Stadt

1. Auflage 2025 - Band 1

Fotos: siehe Bildnachweis auf Seite 258

Druck und Vertrieb im Auftrag des Autors:
Buchschmiede von Dataform Media GmbH
Julius-Raab-Straße 8
2203 Großebersdorf
Österreich

www.buchschmiede.at – Folge deinem Buchgefühl!
Kontaktadresse nach EU-Produktsicherheitsverordnung:
info@buchschmiede.at

ISBN Hardcover: 978-3-99181-297-5

Printed in Austria

1000 Jahre Erlangen

Der Name wird erstmals in einer Urkunde Kaiser Heinrichs II. aus dem Jahr 1002 erwähnt. Nach einer Urkunde Kaiser Ottos II. (römisch-deutscher Kaiser von 973 bis 983) schenkte dieser dem Bistum Würzburg die Kirche St. Martin im oberfränkischen Forchheim „samt Zubehör“. Diese Urkunde Kaiser Heinrichs II. bestätigt eine Schenkung seines Vorfahren Otto II. Das Dorf Erlangon“ wird darin erwähnt. Es soll sich um ein Gebiet im heutigen Alt-Erlangen handeln. Heinrich II. schenkte weitere Gebiete östlich der Regnitz. Eine Meile von der Mündung der Schwabach nach Osten und eine Meile von dieser Mündung die Regnitz aufwärts und die Regnitz abwärts. Diese beiden Meilenquadrate waren damals durchaus eine Maßeinheit für ein Dorf. Das in der Urkunde beschriebene Gebiet liegt in der heutigen Altstadt, genauer im Bereich der Schulstraße, Hauptstraße und Lazarettstraße. In einer Urkunde vom 26. Oktober 1017 wird Kemmern als „Camerin“ im damaligen Radenzgau erstmals schriftlich erwähnt. In dieser Urkunde bestätigt Kaiser Heinrich II. einen Tauschvertrag, in dem Bischof Heinrich von Würzburg dem Bischof Eberhard von Bamberg das Stift Erlangen, Eggolsheim, Forchheim und Kersbach mit ihren Zehnten, darunter auch vier Fischer von Kemmern, und die Zehnten der zu Hollfeld gehörigen Dörfer gegen Graukönigshofen und Traunfeld überlässt. Erlangen gehörte bis 1361 zum Bistum Bamberg.

Heinrich II. (973-1024).

Urkunde des Kaisers Heinrich II. aus dem Jahr 1002

Übersetzter Textauszug: Daher sollen alle beflissenen und eifrigen Gläubigen der heiligen Kirche Gottes und unsere Getreuen, und zwar die derzeitigen ebenso wie die künftigen, erfahren, dass wir auf Bitten des Herrn Heinrich, verehrungswürdigen Bischofs der hochheiligen Kirche von Würzburg, seiner Kirche, die unter dem Patronat des hochheiligsten Märtyrers Kilian zu Ehren des Heiligen Johannes, des Vorläufers Christi, errichtet ward in der Nähe der Stadt Würzburg, geschenkt haben die abbatia Forecheim (Kirchgut Forchheim) und die Weiler, die Erlangon (Erlangen) und Eggoluesheim (Eggolsheim) geheißen, die nahebei gelegen sind im Ratintzgouui (Radenzgau) und in der Grafschaft des Grafen Heinrichs liegen. In der Urkunde wird an anderer Stelle auch erstmals Uraha (Herzogenaurach) genannt.

1361 erwarb Kaiser Karl IV. die Siedlung Erlangen vom Bamberger Bischof Lupold von Bebenburg für 2225 Pfund Heller und machte sie zum Lehen des Königreichs Böhmen. Dieser Kauf erstreckte sich jedoch nur auf den Ort, nicht aber auf die dazugehörige Meilwaldung, deren Obereigentum dem Bistum vorbehalten blieb. Kaiser Karl IV. verlieh 1367 den Erlanger Bürgern das Weiderecht im Reichswald. Ein Jahr später wurde Erlangen für sieben Jahre steuerfrei und erhielt das Marktrecht. Im Jahre 1372 wird die Veste Erlangen, auf der ein Amtmann eingesetzt wurde, zum ersten Mal urkundlich erwähnt. König Wenzel errichtete eine Münzstätte und erhob Erlangen 1398 zur Stadt. Die Stadt erhielt auch die üblichen Privilegien. Sie durfte nun Wegegeld erheben, das von jedem Fuhrwerk 2 Pfennige und von jedem Karren 1 Pfennig betrug und ausdrücklich für den Brücken- und Wegebau bestimmt war. Auch das Recht zum Bau einer Stadtmauer wurde ihnen zugestanden. Um 1400

Karl IV. (1316–1378).

wechselte die Stadt mehrfach den Besitzer und wurde 1432 dem obergebirgischen Fürstentum, dem späteren Fürstentum Bayreuth, zugeschrieben.
Zwischen 1431 und 1449 wurde die Stadt im Ersten Markgrafenkrieg mehrfach zerstört. Danach kehrte für Jahrzehnte Ruhe ein. Erst 1552 wurde Erlangen im Zweiten Markgrafenkrieg wieder in Kämpfe verwickelt.
So friedlich und glücklich die ersten Regierungsjahre des Markgrafen Christian für Erlangen verliefen, so unglücklich waren die späteren Jahre, in denen der Dreißigjährige Krieg seine Brandfackel auch über die schon so oft heimgesuchte Stadt schwang. Die erste Schlacht bei Leipzig wurde am 07. September 1631 von den Schweden gewonnen und das kaiserliche Heer nach Franken zurückgedrängt. Das Korps des kaiserlichen Feldmarschalls Graf von Pappenheim nahm seinen Weg über Erlangen, und nachdem es am 02. November nach Bruck gezogen war, musste die Stadt entgegen der ausdrücklichen Versicherung des Grafen schon am folgenden Tage vier Kompanien Fußvolk in ihren Mauern aufnehmen und bis zum 14. November verpflegen. Nach deren Abzug wurde von dem kaiserlichen Obristen von Salis, der sich nach Forchheim begeben hatte, eine Salve-Garde erbeten, um die Stadt vor weiteren Bedrohungen zu schützen, und derselbe schickte auch am 19. November zwei Soldaten zu diesem Zweck hierher. Allein diese Hilfe war vergeblich, denn schon am folgenden Sonntag, dem 20. November, stürmten 600 Reiter die Mauern, steckten die Tore in Brand und drangen in die Stadt ein, wo sie von 9 Uhr morgens bis 4 Uhr abends allerlei Greuel der Plünderung verübten. Sogar der alte Pfarrer Johannes Heilig und der Stadtrichter Georg Schirmer entgingen der persönlichen Mißhandlung nicht und wurden bis auf das Hemd ausgezogen. Nach 4 Uhr entfernten sich diese Truppen und brachten ihre Beute nach Gründlach; schon am nächsten Morgen kamen wieder 800 Reiter und plünderten, was vom Vortag noch übrig war. Der Bericht des Stadtrichters Georg Schirmer an den Markgrafen vom 27. November enthält die ausführliche Schilderung dieser Gräuel. Obwohl das Elend in Erlangen durch diese doppelte Plünderung einen hohen Grad erreicht hatte, wurde es im folgenden Jahr noch auf die Spitze getrieben. Während Gustav Adolf im Feldlager bei Zirndorf dem gut verschanzten Heer Wallensteins gegenüberstand, zog der kaiserliche Obrist Schlötz, damals Kommandant von Forchheim, am 15. Juni nach Baiersdorf und Erlangen, brannte in ersterem das markgräfliche Lustschloß Scharfeneck nieder, plünderte Erlangen aus und steckte dann die Stadt in Brand, wobei selbst das Schloss und die Kirche ein Raub der Flammen wurden und nur 16 Häuser verschont blieben. Um der Rohheit der Soldaten zu entgehen, hatten sich viele Frauen zum Pfarrer Heilig geflüchtet. Auch dort fanden sie keine Zuflucht, sondern wurden zusammen mit dem alten Pfarrer ermordet. Der Jammer und das Elend waren daher unbeschreiblich und wurden noch durch eine drückende Teuerung erhöht, welche durch die vielen in der Umgegend einquartierten Truppen hervorgerufen wurde. Die Bevölkerung musste fast ununterbrochen in Waldhütten ausharren, da sie keine Mittel zum Wiederaufbau ihrer Häuser hatte, und war so täglich neuen Gefahren durch umherziehende Soldaten ausgesetzt.
Fast schien es, als sollte jede Spur von Erlangen ausgelöscht werden, denn am 16. August 1634 wurden die noch verbliebenen 16 Häuser von der Forchheimer Besatzung völlig niedergebrannt und die ganze Stadt lag in Trümmern. Dazu kam noch die Pest, die in diesem Jahr in ganz Franken wütete, und nirgends gab es eine Aussicht, dass die zerstreuten Erlanger ihre zerstörten Häuser wieder aufbauen könnten. Erst im Jahre 1636 kehrten sie an ihre verbrannten Orte zurück und versuchten, sie mit Hilfe wohltätiger Menschen wieder aufzubauen. Gleichzeitig baten sie den Markgrafen in einer gemeinsamen Bittschrift um einen mehrjährigen Erlass der Steuern und Frondienste. Der Wiederaufbau der Stadt ging jedoch nur schleppend voran, und erst 1655 wurde die Kirche vollendet und am ersten Adventssonntag durch den Superintendenten Johann Heusinger von Baiersdorf und den Pfarrer Andreas Beheim mit einem feierlichen Dankgottesdienst zu Ehren der Heiligen Dreifaltigkeit eingeweiht. Nachdem Markgraf Christian 1653 sein 50-jähriges Regierungsjubiläum gefeiert hatte, an dem das ganze Fürstentum freudig teilnahm, starb er am 30. Mai 1653 im 74. Sein Enkel und Regierungsnachfolger Christian Ernst war damals erst 11 Jahre alt, und so übernahmen Kurfürst Friedrich Wilhelm von Brandenburg und Markgraf Albrecht von Ansbach die vormundschaftliche Regierung, die sie bis 1661 ausübten. Mit diesem Fürsten begann für Erlangen eine neue, glücklichere Epoche, welche in dem Anbau der Neustadt ihre erste Begründung findet.
Die Vernichtung des berühmten Freiheitsbriefes, den die Bekenner des calvinistischen Glaubens in Frankreich unter der Regierung Heinrichs IV. im Jahre 1598 erlangt hatten, war eines der eifrigsten Bestrebungen der Partei, die unter dem altersschwachen Ludwig XIV. die oberste Gewalt in Händen hielt. Durch das Edikt vom 18. Oktober 1685 erreichte sie das Ziel ihrer gewaltsamen Absichten, in dessen Folge mehr als 180.000 reformierte Franzosen über die Grenzen ihres Vaterlandes flohen. Unter jenen Fürsten Deutschlandes, in deren Herrschaftsbereich sie ihre erzwungene Wanderung zu lenken suchten, war Markgraf Christian Ernst einer der aufnahmebereitesten. Obgleich das Konsistorium zu Bayreuth in einem Gutachten vom 20. November 1683 von diesem Plan Abstand nahm, ließ sich der Markgraf nicht davon abhalten, den Flüchtlingen in einer Erklärung vom 23. November 1685 seinen Schutz zuzusichern und ihnen eine gastfreundliche Aufnahme in seinen Ländern anzubieten. In diesem Unterfangen wurde der Markgraf durch ein Schreiben seines Verwandten, des Kurfürsten Friedrich Wilhelm von Brandenburg, vom 04. Februar 1686 noch besonders bestärkt, der ihm seinen Beistand zusicherte, falls ihm durch diese Aufnahme der französischen Flüchtlinge Unannehmlichkeiten entstehen sollten. Die vertriebenen Franzosen säumten daher nicht lange, von der eröffneten Freistätte Gebrauch zu machen, sondern kamen alsbald in großer Zahl in das Fürstentum Bayreuth und unter anderen am 17. Mai 1686 nach Erlangen. Auf besonderen Befehl des Markgrafen musste ihnen von den Bürgern nicht nur freies Quartier eingeräumt werden, sondern viele erhielten auch freie Verpflegung und den Gebrauch vieler Gerätschaften, deren sie bedurften. Als die Zahl der Flüchtlinge zunahm, wurde ein Teil von ihnen nach Baiersdorf und in die umliegenden

Ortschaften umgesiedelt, wo sie, wie in Erlangen, auf fürstliche Rechnung zweimal wöchentlich mit Fleisch und Geld versorgt wurden. Noch ehe über ihre künftige Ansiedlung entschieden werden konnte, brachen bösartige Krankheiten unter ihnen aus und vermehrten den Unwillen, mit dem die Erlanger die erzwungene Gastfreundschaft übten. Nach wiederholten Beratungen wurde endlich die unmittelbare Anlegung einer zweiten Stadt bei Erlangen beschlossen und im Jahre 1686 mit einer unter dem 06. Dezember ausgefertigten öffentlichen Garantie der freien Religionsausübung in die Tat umgesetzt. Der Wald, der einen großen Teil der jetzigen Neustadt bedeckte, wurde gerodet und der Plan der neuen Stadt durch den Oberbaumeister Johann Moriz Richter zu Bayreuth entworfen. Um den Bau zu erleichtern, mussten die Erlanger und die Bewohner der umliegenden Dörfer Hand- und Spannfrohnen (Frondienste mit Pferd und Wagen) leisten; da dies aber zu beschwerlich war, ordnete der Markgraf am 22. August 1687 an, dass sechs Jahre lang täglich 20 Wagen mit je drei Stück Vieh bespannt werden sollten, zum Heranfahren der Baumaterialien unterhalten werden sollten und ließ in der Meilwaldung eine eigene Ziegelhütte bauen, welche am 11. August 1785 abbrannte. In der Absicht, die neue Stadt durch Handel und Manufakturen aufzuwerten, erteilte ihr der Markgraf am 01. Januar 1694 das Privilegium zu zwei Messen, wovon die erste in der Fastenzeit auf den Montag, nach dem zweiten Sonntag der Fastenzeit, und die zweite im Monat August am Montag nach Maria Himmelfahrt, jedes Mal 6 Tage lang, abgehalten werden sollte. Die Stadt machte auch von dieser Erlaubnis sogleich Gebrauch und hielt am 05. März dieses Jahres die erste Messe, welche mit Gold- und Silberwaren, Samt, Seidenbändern, Wollen, Tüchern, Hüten, Strümpfen, Handschuhen, Leinentüchern, Gewehren, Gläsern und Eisenwaren ziemlich zahlreich besucht worden ist. Anfangs war der Holzmarkt zum Messplatz bestimmt, durch ein Verwaltungsgesetz vom 05. Februar 1695 wurde aber derselbe auf den Hauptmarkt verlegt. Unter dem 05. Mai 1708 ist hierauf auch die Messzeit verändert und auf Lichtmess und Jacobi bestimmt worden, wobei auch noch zwei Ross- und Viehmärkte damit vereinigt wurden, welche vom Montag bis mittwochmittags dauern sollten und zu deren Beförderung eine zweijährige Abgabenfreiheit bewilligt war.

Während dieses Fortschritts der neuen Stadt Christian Erlangen wurde die, schon mit so vielen Unglücksfällen heimgesuchte Altstadt im Jahre 1706 abermals ein Raub der Flammen. Am 14. August abends zwischen 4 und 5 Uhr führte der Hausknecht Martin Tappel im Gasthaus „Zur goldenen Krone“ (Hauptstr.103) durch die hintere Einfahrt einen Wagen voll Heu. In dieser Einfahrt war von einem Brandweinkessel des Gast- und Brauhauses „Zum roten Ross“ (Hauptstraße 105) ein Schlot herausgebaut, welcher sich im schadhaften Zustand befand und daher einige Funken auf das dort stehende Fuhrwerk mit Heu sprühen konnte. Dadurch entzündete sich das Heu augenblicklich, und die vorgespannten Ochsen erschreckten sich derartig und rannten damit in die offenstehende, vollgefüllte Scheune, die sogleich in vollen Brand geriet, welches derart um sich griff, dass trotz aller Löschanstalten die Stadt in drei Stunden bis auf den vorderen Teil des Posthauses und einige am Bayreuther Tor gegenüber stehende kleine Häuser (einschließlich Kirche, Rath, Schul- und Pfarrhaus) gänzlich abgebrannt war. Markgraf Christian Ernst und seine Gemahlin, die in Erlangen residierten, boten alles auf, den unglücklichen Bewohnern der Altstadt zu helfen, und die erste Unterstützung wurde ihnen durch Unterkunft und Verpflegung in der Neustadt zuteil. So konnte dank der Fürsorge des Markgrafen der Wiederaufbau rasch in Angriff genommen werden, und noch im selben Jahr wurde mit dem zuerst abgebrannten Wirtshaus „Zur goldenen Krone“ begonnen. Im Jahr darauf wurde an der Stelle des ehemaligen Pfarrhauses das Schulhaus errichtet. Der fortschreitende Wiederaufbau der Altstadt und die wachsende Ausdehnung der Neustadt, in der nun auch die Schiff- und Redoutengasse sowie ein Teil der Friedrichstraße vollendet waren, veranlassten den Markgrafen, beide Städte zu vereinigen und zur sechsten Hauptstadt seines Fürstentums zu erheben. Dies geschah durch Urkunde vom 05. März 1708. Der Markgraf nahm hierauf am 18. Juli 1708 eine besondere Huldigung an und legte zugleich am Nürnberger Tor den Grundstein zur Stadtmauer, für deren Fortsetzung bis 1713 die Summe von 29.700 Talern (252.000 Euro) aufgewendet wurde, obgleich die östliche Seite nicht einbezogen war.

Im selben Jahr wurde Prof. Groß (Professor für Geschichte an der Erlanger Ritterakademie), der bis dahin mit großem Beifall in der Konkordienkirche (heute Geo-Zentrum Nordbayern der FAU) gepredigt hatte, nach Bayreuth berufen. Er war darüber so beleidigt, dass er während des Gottesdienstes, nachdem bereits einige Lieder gesungen waren, heimlich die Stadt verließ und sich nach Nürnberg begab, wo er die 1741 begonnene Erlanger Zeitung fortsetzte. Kanzel und Altar kamen in die lutherische Hauptkirche, die Orgeln in die reformierte Kirche nach Bayreuth. Die am 04. November 1743 von Markgraf Friedrich von Brandenburg-Bayreuth gegründete und ab 1769 von Markgraf Alexander von Brandenburg-Ansbach und Brandenburg-Bayreuth erweiterte Friedrich-Alexander-Universität ging 1810 an Bayern über.

Am 16. Januar 1791 trat Alexander in einem Geheimvertrag seine Fürstentümer an Preußen ab, da er kinderlos war und Preußen nach seinem Tod ohnehin Erbe geworden wäre. Am 02. Dezember 1791 unterzeichnete Alexander in Bordeaux seine Abdankungsurkunde. Er ging mit seiner zweiten Frau als Privatier nach England und widmete sich dort der Pferdezucht.

1792 kam Erlangen mit dem Markgrafentum Brandenburg-Bayreuth zum Königreich Preußen und 1806 nach dem Sieg Kaiser Napoleons I. in der Schlacht bei Jena und Auerstedt als Provinz unter französische Herrschaft. 1810 wurde das Fürstentum Bayreuth für 15 Millionen Franken an das verbündete Königreich Bayern verkauft. Die Altstadt und die Neustadt, die unter dem Namen Christian-Erlang bekannt war, wurden 1812 zu einer Stadt vereinigt, die bis heute den Namen Erlangen trägt.

Zwischen 1836 und 1846 hat König Ludwig I. von Bayern die Wasserstraße nach den Plänen von Heinrich von Pechmann bauen lassen. Bis zu 9.000 Menschen arbeiten zeitweise auf der Baustelle. Sie ist 172 Kilometer lang

und verbindet die Donau bei Kelheim mit dem Main bei Bamberg. Nach zehnjähriger Bauzeit wurde der Kanal am 01. Juli 1846 mit der Einweihung des Kanaldenkmals auf dem Erlanger Burgberg offiziell eröffnet. Die endgültige Schiffbarkeit wurde 1847 erreicht.
Nach dem Ersten Weltkrieg verlor der Ludwig-Donau-Main-Kanal ab 1918 seine Bedeutung als Frachtweg. Im Zweiten Weltkrieg erlitt er schwere Schäden und wurde 1950 offiziell als Wasserstraße stillgelegt. Ab 1960 fielen Abschnitte des „Alten Kanals" von Nürnberg bis Bamberg dem Bau des „Frankenschnellwegs" (A73) zum Opfer. Weitere Abschnitte zwischen Kelheim und Berching wurden ab 1980 durch den neuen Main-Donau-Kanal überbaut.
1868 wurde in Erlangen die allgemeine Wehrpflicht eingeführt. Die Stadt hatte damals 12.000 Einwohner. Für Schüler mit einem höheren Schulabschluss gab es die Möglichkeit, ein sogenanntes „Einjährig-Freiwilliges" zu absolvieren. Dieses Privileg wurde vor allem von Gymnasiasten und Studenten in Anspruch genommen. Sie konnten gleichzeitig Militärdienst leisten und studieren. Diese Möglichkeit machte die Garnison zu einem wichtigen Standortfaktor für die Stadt und vor allem für die Universität. 1868 zog das 6. Jägerbataillon nach Erlangen, das bis dahin in Forchheim stationiert war. Im Jahre 1877 wurde die erste Kaserne (Jägerkaserne) in der Bismarckstraße fertiggestellt. Das 6. Jägerbataillon musste 1878 seine neue Unterkunft wieder verlassen und wurde in die pfälzische Festung Germersheim verlegt. An ihrer Stelle zog das III. Bataillon des Königlich Bayerischen 5. Infanterie-Regiments Großherzog von Hessen in die Kaserne an der Bismarckstraße. 1890 wurde mit dem Bau der neuen Infanteriekaserne an der Buckenhofer Landstraße, heute Drausnickstraße, begonnen. Im selben Jahr kam es zur Stationierung des gesamten 19. Infanterie-Regiments. 1893 wurden die ersten fertiggestellten Kasernengebäude bezogen. Im Jahre 1900 wurde neben der Neuen Infanteriekaserne am Rande des Exerzierplatzes die neue Artilleriekaserne errichtet. Am 01. Oktober 1901 zog das 10. Feldartillerie-Regiment in die Stadt und die Kaserne ein. Mit dem Bau neuer Kasernen stieg auch die Zahl der Soldaten und Studenten in der Stadt. Erlangen erlebte einen raschen wirtschaftlichen Aufschwung für Gastronomie, Handel, Handwerk und Vermieter, die den Soldaten Wohnraum zur Verfügung stellten. Im Jahr 1909 zählte die Stadt bereits 24.600 Einwohner, 1.160 Studenten und rund 2.200 Soldaten. Um die Erlanger Jugend für das Militär zu begeistern, wurde 1911 die Ortsgruppe des Wehrkraftvereins gegründet. Öffentliche Feste und Umzüge wurden von Krieger-, Kameraden- und Reservistenvereinen organisiert. Die alten Kameraden des Krieges von 1870/71 veranstalteten alljährlich am 02. September ihr Sedansfest und trafen sich in ihren Kriegervereinen, um die Helden des Krieges zu ehren und die Kapitulation der Franzosen zu feiern. Am 07. August 1914 begann der Erste Weltkrieg und Erlangen zog mit zwei Regimentern in den Krieg. Auslöser war das Attentat von Sarajevo auf den österreichisch-ungarischen Thronfolger Franz Ferdinand und seine Frau. Am 11. November 1918 endete der Erste Weltkrieg mit der Unterzeichnung des Waffenstillstands im Wald von Compiègne (nördlich von Paris). Erlangen hatte im Ersten Weltkrieg etwa 3.000 Infanteristen, 360 Artilleristen und über 700 Einwohner verloren. 1919 wurde der Friedensvertrag von Versailles unterzeichnet. Erlangen blieb auch nach dem Krieg Garnisonsstadt. Da der Friedensvertrag von Versailles eine Reduzierung des Heeres auf 100.000 Soldaten vorschrieb, verblieb nur das Ausbildungsbataillon des 21. (Bayerischen) Infanterie-Regiments der neu gegründeten Reichswehr in der Stadt. Nach Wiedereinführung der allgemeinen Wehrpflicht 1935 wurde der Kasernenkomplex durch die Rheinland- und die Panzerkaserne nochmals erweitert. Der letzte Abschnitt der Erlanger Garnisonsgeschichte begann mit dem Einmarsch der amerikanischen Truppen 1945 und endete 1994 mit der Übergabe der militärisch genutzten Liegenschaften an den Bund. Damit endete die 126-jährige Geschichte Erlangens als Garnisonsstadt.
Beim Einmarsch der überlegenen amerikanischen Truppen am 16. April 1945 drohten diese in einem Ultimatum mit der vollständigen Zerstörung der Stadt. Der örtliche Befehlshaber der deutschen Truppen, Oberstleutnant Werner Lorleberg, und Oberbürgermeister Dr. Herbert Ohly übergaben die Stadt kampflos und vermieden so einen ebenso aussichtslosen wie verlustreichen Kampf. Lorleberg selbst, der bis zuletzt als Anhänger des nationalsozialistischen Regimes galt, kam noch am selben Tag in der Nähe der Thalermühle ums Leben. Ob er bei dem Versuch, eine versprengte Kampfgruppe zur Aufgabe zu bewegen, von deutschen Soldaten erschossen wurde oder ob er sich dort nach der Überbringung der Kapitulationsnachricht selbst das Leben nahm, ist nicht abschließend geklärt. Trotz der kampflosen Übergabe der Stadt waren an diesem Tag 48 Tote, darunter 14 Soldaten, und über 200 Verwundete zu beklagen. Es wurden 14 total zerstörte Gebäude sowie 108 schwere und 237 leichtere Gebäudeschäden gezählt. Nach dem Zweiten Weltkrieg wuchs die Bevölkerung rasch an. 1950 wurden 50.000 Einwohner gezählt, 1968 bereits 83.990. Im Zuge der Gebietsreform 1972 wurde der Landkreis Erlangen mit dem Landkreis Höchstadt an der Aisch zusammengelegt. Erlangen selbst blieb kreisfreie Stadt und wurde Sitz des neuen Landkreises. Durch Eingemeindungen aus dem Umland vergrößerte sich die Stadt erheblich, so dass sie 1974 die Grenze von 100.000 Einwohnern überschritt und damit zur Großstadt wurde. Im Jahr 2002 feierte Erlangen sein tausendjähriges Bestehen. Im Jahr 2017 betrug die Einwohnerzahl bereits 110.998 - Tendenz steigend.

Quelle: Geschichte der Stadt Erlangen nach Urkunden und amtlichen Quellen. Bearbeitet von Ferdinand Lammers, erstem Bürgermeister der Stadt Erlangen. Erlangen 1834. In Kommission bei J. J. Palm und Ernst Enke.

Geschichte der Veste (Burg)

Die ehemalige Veste am Nordrand der Fuchsenwiese wird erstmals 1372 als Besitz des damaligen Stadtherrn Kaiser Karl IV. erwähnt. Es handelte sich um eine Turmburg, in deren Mitte sich ein Turm mit Räumen für den Amtmann befand. Ihm oblag die Verwaltung des erworbenen Besitzes. Sie diente aber auch als Gefängnis und in Kriegszeiten als Zufluchtsort für die Bevölkerung. 1449 im Ersten Markgrafenkrieg, 1461 im Bayerischen Krieg und 1553 im Zweiten Markgrafenkrieg wurde die Burg jeweils schwer beschädigt. Nachdem die Veste im Dreißigjährigen Krieg stark zerstört worden war, wurden auf der ausgebrannten Festung mehrere kleine Wohnhäuser für die arme Bevölkerung der Stadt errichtet. 1702 standen dort neben der Altstädter Schule elf kleine Häuser. Bis 1770 war die Anlage jedoch so baufällig geworden, dass in den 16 Gebäuden nur noch arme Leute und ein Nachtwächter im Torhaus lebten. 1783/84 wurde die inzwischen einsturzgefährdete Ruine von drei Maurermeistern abgetragen, die für die Steine 400 Gulden bezahlten. Die genaue Lage war lange Zeit unbekannt. Im Jahr 1981 wurden bei Bauarbeiten auf dem Grundstück Fuchsengarten 5 Reste des Burgbrunnens entdeckt, der ursprünglich eine Tiefe von ca. 14 m hatte.

Die Erlanger Altstadt zur Zeit Kaiser Karl IV. von Westen nach Osten gesehen. Freie Rekonstruktion von Andreas Basel. Tuschezeichnung von Richard Krau.

(Postkarte von 1899)
Die Ruine der Veste Erlangen von Norden um 1730.

(um 1732) Blick vom Burgberg auf die Erlanger Innenstadt. Rechts die Ruine der Veste. Die Hugenottenkirche sowie die Neustädter Kirche mit ihren Türmen und die Martinsbühler Kirche sind hier nicht sichtbar. Bau des Turms der Hugenottenkirche erfolgte erst von 1732 bis 1736. Die beiden oberen Turmgeschosse der Neustädter Kirche wurden 1765 fertiggestellt, den Turmhelm samt Laterne setzte man erst 1830 auf. Die Martinsbühler Kirche ist außerhalb des rechten Bildrandes und somit nicht erkennbar.

Bleistiftzeichnung: Martin Simon Glaeser (1684–1746).

Grundriss der Erlanger Altstadt vor Gründung der Neustadt 1686. Rekonstruktion um 1774–1778, die Veste, hier als „Schloss“ bezeichnet, liegt rechts der Altstadt, zu sehen ist auch der „Arm“ des Bächleins Röthelheim, welcher nicht mehr ist.

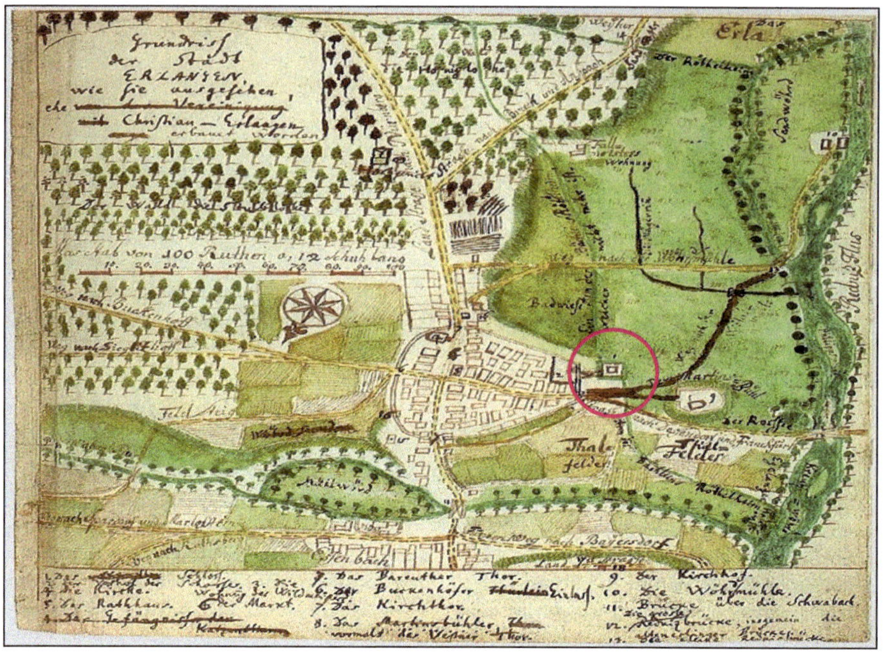

Die Gedenktafel am Haus Pfarrstraße 19/Ecke Fuchsengarten soll eigentlich an die Veste (Burg) und an die Ritter von Erlangen erinnern. Aber die Angaben sind historisch falsch. Die Veste wird erstmals 1372 als Besitz Kaiser Karls IV. erwähnt und nicht wie angegeben 1046. Es gab nachweislich im 12./13. Jhd. im Bereich Adler-/Lazarettstraße einen Wirtschaftshof der Reichsministerialen von Gründlach, welcher sich innerhalb der Stadtmauer befand.

(2021) Historisch falsche Gedenktafel am Haus Pfarrstraße 19. Foto: Gernot Amelang

Historisch falsche Darstellung „Ritter Berthold und seine Burg Erlangen 1381“. Fotografie von Georg Dassler nach einem verschollenen Glasgemälde um 1890.

(2021) Tafel in der Pfarrstraße 19. Erinnerung an die Erlanger Veste. Foto: Gernot Amelang

(2021) Der Standort der ehemaligen Veste auf den Grundstücken der Häuserzeile Fuchsengarten. Foto: Gernot Amelang

Erlangen – Kupferstich-Gesamtansicht von J. W. Heydt um 1746. Roter Kreis: Die Veste (Burg).

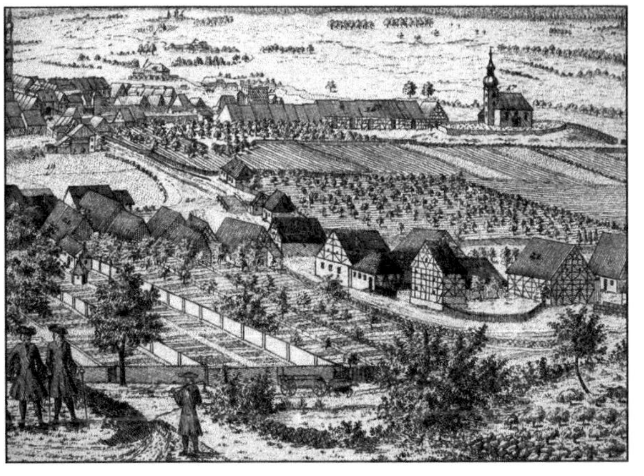

Für die Betrachtung der einzelnen Bildausschnitte empfiehlt sich die Verwendung einer Lupe, um die mit Nummern gekennzeichneten Gebäude gut erkennen zu können.

No. 1: Obere Buckenhoffer Thor. 2: Untere Buckenhoffer Thor. 3: Neuerbaute Teutsch Reformirte Kirch. 4: der HochFürstl. Garten. 5: Neuerbaute Stadt Kirchen. 6: Dæcher der Universitæts Gebæude. 7: das Hoch Fürstl. Schloß. 8: Retouten Hauß. 9: Reith Schul. 10: Französische Reformirte Kirch. 11: Wasser Thurm. 12: Alt Stædter Stadt Kirche. 13: das Alt Stædter Rath Hauß. 14: BayReuther Thor. 15: das Alte Schloß. 16: der Alt=Stædter ihre Stædel. 17: der Alt Stædter Kirchhoff und Kirch, Martins Bühl genandt. 18: Gemeinschäfftl. Brau Hauß. 19: Wiesgrund. 20: die Schwobach, ein klein Flüßgen. 21: der Essenbach bestehet in etlichen Güttgen, Mühl und Seeg=Mühl, Ziegel und Kalch brænerey u. dergleichen. a: die Veste oder das Schloß von Nürnberg 3. Stundt von Erlang. b: Thurm von Daßneloh, ein Kirch Spiehl 1. Stu. von Erlang. c: Gründlach, ein Kirch Spiehl 2. Stu. von Erlang. d: Eldersdorff ein Kirch=Spiehl 1: Stu. von Erlang. e: Tach, ein Kirch Spiehl 2. Stu. von Erlang. f: Bruck, ein Kirch Spiehl, ein halb Stu. von Erlang. g: Grügenbron, ein Dorff mit einer Kirch 1. Stu. von Erlang. h: Frauenaurach ein Kirchspiel 1. St. von Erlang. i: Mon Blaisier, ehedessen ein Lusthauß von Ihr Hohait. k: die Neue Mühl. l: Wehr Mühl. m: Sophien Mühl. n: Büchenbach ein Kirch Spiehl.

In der Stadtansicht von 1746 ist die Neustädter Kirche als vollständiger Bau dargestellt, was nicht korrekt ist. 1744 war die Bauphase der Kirche im Wesentlichen abgeschlossen. Die beiden oberen Turmgeschosse wurden 1765 fertiggestellt, der Turmhelm und die Laterne jedoch erst 1830 aufgesetzt.

(1820) Stadtansicht von Erlangen. V. l. n. r.: Martinsbühler Kirche, Altstädter Kirche, Wasserturm, Hugenottenkirche und die Neustädter Kirche. Die Neustädter Kirche ist noch ohne Turmhelm und Laterne. Dies wurde erst 1830 fertiggestellt.

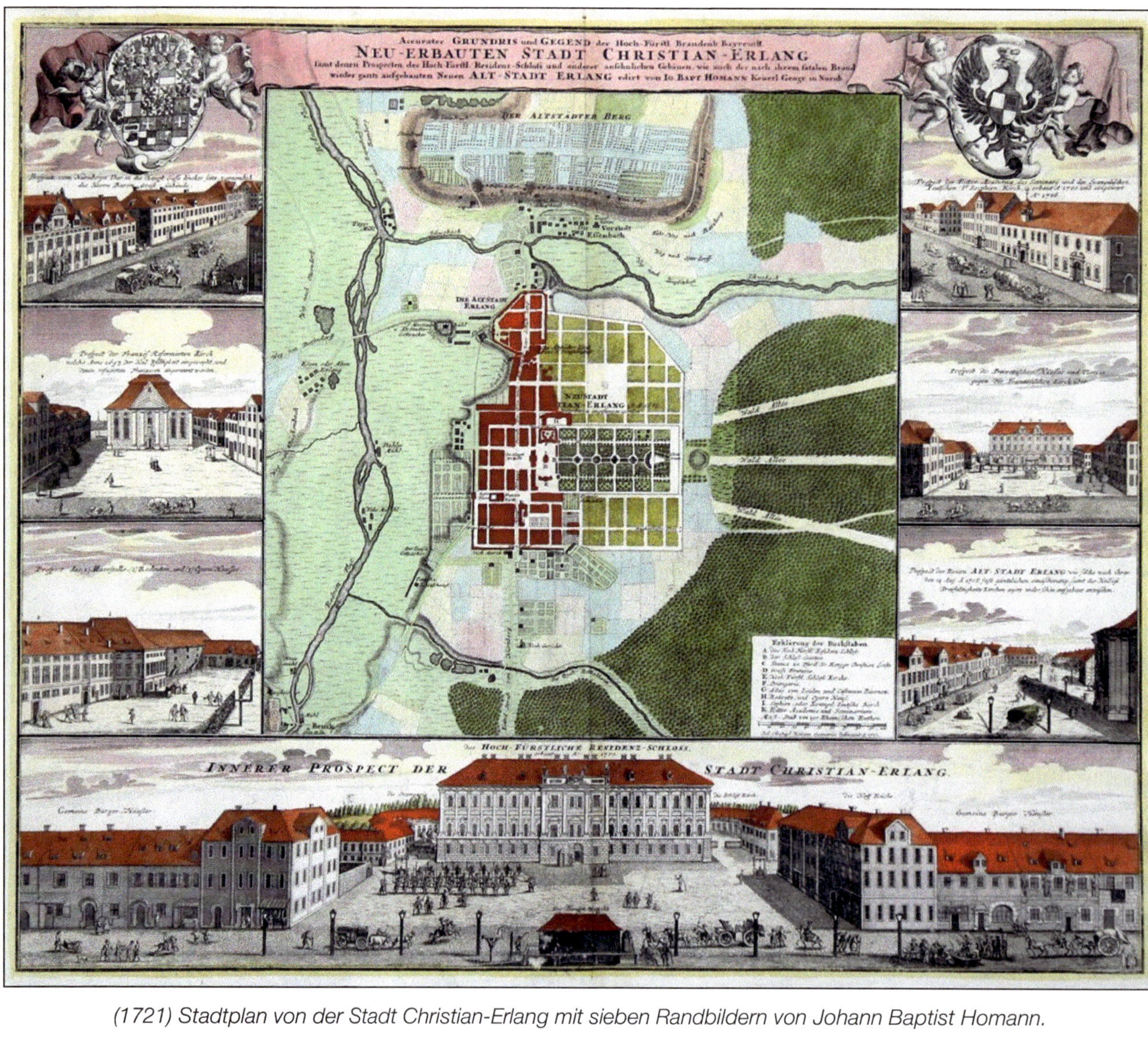

(1721) Stadtplan von der Stadt Christian-Erlang mit sieben Randbildern von Johann Baptist Homann.

Die Markgrafen von Erlangen und ihre Gemahlinnen

Christian Ernst von Brandenburg-Bayreuth (27. Juli 1644 in Bayreuth; † 10. Mai 1712 in Erlangen) war ein deutscher Militärführer und von 1655 bis zu seinem Tod Markgraf des fränkischen Fürstentums Bayreuth.*

Schabkunstblatt (um 1710) von Christoph Weigel.

1. Ehefrau-
Erdmuthe Sophie von Sachsen (25. Februar 1644 in Dresden; † 22. Juni 1670 in Bayreuth) war eine sächsische Prinzessin aus dem Haus der albertinischen Wettiner und durch Heirat Markgräfin von Brandenburg-Bayreuth.*

Kupferstich von Jacob von Sandrart.

2. Ehefrau-
Sophie Luise von Württemberg (19. Februar 1642 in Stuttgart; † 03. Oktober 1702 in Bayreuth) war eine württembergische Prinzessin und durch Heirat Markgräfin von Brandenburg-Bayreuth.*

Kupferstich von Wolfgang Philipp Kilian.

3. Ehefrau-
Elisabeth Sophie von Brandenburg (05. April 1674 in Cölln; † 22. November 1748 in Römhild) war eine Prinzessin und Markgräfin von Brandenburg und durch ihre Ehen nacheinander Herzogin von Kurland, Markgräfin von Brandenburg-Bayreuth und Herzogin von Sachsen-Meiningen.*

Ölgemälde von Gedeon Romandon (vor 1697).

Gemälde von Andreas Möller (1709).

Georg Wilhelm von Brandenburg-Bayreuth (* 16. November 1678 in Bayreuth; † 18. Dezember 1726 in Bayreuth) war Markgraf des fränkischen Fürstentums Bayreuth von 1712 bis 1726.

Sophia von Sachsen-Weißenfels (* 02. August 1684 in Weißenfels; † 06. Mai 1752 in Roßwald bei Hotzenplotz) war eine geborene Prinzessin von Sachsen-Weißenfels aus dem Hause der albertinischen Wettiner u. durch zwei Ehen von 16. Oktober 1699 bis 18. Dezember 1726 Markgräfin von Brandenburg-Bayreuth sowie von 14. Juli 1734 bis 06. Mai 1752 Reichsgräfin von Hoditz und Wolframitz.

Georg Friedrich Karl von Brandenburg (-Kulmbach)-Bayreuth (* 19. Juni 1688 auf Schloss Obersulzbürg bei Sulzbürg; † 17. Mai 1735 in Bayreuth) war ab 1726 Markgraf des fränkischen Fürstentums Bayreuth.

Dorothea von Schleswig-Holstein-Sonderburg-Beck (* 24. November 1685; † 25. Dezember 1761) war durch Geburt eine Prinzessin von Schleswig-Holstein-Sonderburg-Beck und seit 1709 durch Heirat Markgräfin von Brandenburg-Bayreuth. Die Ehe wurde am 03. Dezember 1716 geschieden. „Verbrechen gegen die eheliche Treue“.

Ölgemälde auf Leinwand.
Unbekannter Maler.

Friedrich III. von Brandenburg-Bayreuth (* 10. Mai 1711 in Weferlingen; † 26. Februar 1763 in Bayreuth) war Markgraf des Fürstentums Bayreuth. Gründer der Erlanger Universität. Sie ist zum Teil nach ihm benannt.

1. Ehefrau-
Friederike Sophie Wilhelmine von Preußen bzw. Wilhelmine von (Brandenburg-) Bayreuth (* 03. Juli 1709 in Berlin; † 14. Oktober 1758 in Bayreuth) war die älteste Tochter von zehn überlebenden Kindern des „Soldatenkönigs“ Friedrich Wilhelm I. und seiner Gattin Sophie Dorothea von Hannover.

Wilhelmine von Preußen; Pastell-Darstellung, Jean-Étienne Liotard zugeschrieben (1745).

2. Ehefrau-
Sophie Caroline Marie von Braunschweig-Wolfenbüttel (08. Oktober 1737 in Braunschweig; † 22. Dezember 1817) war durch Geburt eine Prinzessin von Braunschweig-Wolfenbüttel und durch Heirat Markgräfin von Brandenburg-Bayreuth. Sie war die nächstältere Schwester Anna Amalias von Weimar.*

Gemälde von Sophie Caroline Marie.
Unbekannter Maler (um 1760).

Friedrich Christian von Brandenburg-Bayreuth (17. Juli 1708 in Weferlingen; † 20. Januar 1769 in Bayreuth) war Markgraf des fränkischen Fürstentums Bayreuth, dänischer und preußischer Generalleutnant sowie kaiserlicher Generalfeldzeugmeister.*

Viktoria Charlotte von Anhalt-Bernburg-Schaumburg-Hoym (25. September 1715 auf Schloss Schaumburg; † 04. Februar 1792 in Schaumburg) war eine Prinzessin von Anhalt-Bernburg-Schaumburg-Hoym und durch Heirat Markgräfin von Brandenburg-Bayreuth. Die Ehe wurde 1764 geschieden.*

Gemälde von Johann Leonhard Schneider.

Christian Friedrich Carl Alexander von Brandenburg-Ansbach (24. Februar 1736 in Ansbach; † 05. Januar 1806 in Schloss Benham bei Speen in England) aus dem Haus der Hohenzollern war der letzte Markgraf der beiden fränkischen Markgraftümer Brandenburg-Ansbach (seit 1757) und Brandenburg-Bayreuth (seit 1769). Die Friedrich-Alexander-Universität Erlangen-Nürnberg, die er maßgeblich förderte, ist zum Teil nach ihm benannt.*

1. Ehefrau-
Friederike Caroline von Sachsen-Coburg-Saalfeld (24. Juni 1735 in Coburg; † 18. Februar 1791 auf Unterschwaningen) war eine Prinzessin von Sachsen-Coburg-Saalfeld und durch Heirat letzte Markgräfin von Brandenburg-Ansbach und Bayreuth.*

*Erst Geliebte, dann 2. Ehefrau von Christian Friedrich Carl Alexander von Brandenburg-Ansbach, Elizabeth Craven, Baroness Craven (geborene Lady Elizabeth Berkeley, * 17. Dezember 1750 in Westminster; † 13. Januar 1828 in Neapel) war eine britische Schriftstellerin. Sie war besonders bekannt für ihre Reiseberichte.*

Lady Craven, Porträt von Ozias Humphry (um 1780–1783).

Wappengeschichte der Stadt Erlangen

Das Erlanger Wappen zeigt drei Schilde: das sogenannte Altstadtschild mit dem böhmischen Löwen über der Stadtmauer und die beiden Adlerwappen der Neustadt. Aus dem Jahr 1389 ist der Abdruck eines um 1370 entstandenen Siegels für die Altstadt überliefert. Über einer Zinnenmauer mit Stadttor erhebt sich der doppelschwänzige böhmische Löwe. Auf einem zweiten Siegel aus dem 15. Jahrhundert, das durch einen Abdruck von 1511 belegt ist, fehlt das Tor, der Löwe ist bekrönt. Das gleiche Bild mit nur geringfügigen Abweichungen zeigen die Siegel bis ins 18. In einer kolorierten Darstellung von 1605 steht der wachsende, gekrönte goldene Löwe in Blau über einer torlosen silbernen Zinnenmauer. Die Neustadt ist eine von Markgraf Christian Ernst (1661 bis 1712) 1686 gegründete Hugenottensiedlung. Sie hieß zunächst Neu-Erlangen, von 1701 bis 1812 Christian-Erlang. Der Markgraf verlieh ihr 1707 ein Wappen. Im großen und kleinen Siegel der Stadt waren seitdem die Ehewappen des Fürsten und seiner Gemahlin Elisabeth Sofie zu sehen: links der brandenburgische Adler mit dem gevierten Zollern-Schild auf der Brust, rechts der gekrönte preußische Adler mit den Initialen ES der Markgräfin auf der Brust. Seit 1708 führten beide Städte in eigenen Angelegenheiten ihr jeweiliges Siegel, in gemeinsamen Angelegenheiten wurde ein Siegel mit beiden Wappen geführt. Ab 1819 wurde das Wappen auf zwei Schilde reduziert, den Altstädter Löwen und den preußischen Adler.

Quelle: Erlanger Stadtlexikon, hg. Christoph Friederich, Bertold von Haller und Andreas Jakob, Nürnberg 2002, S. 735

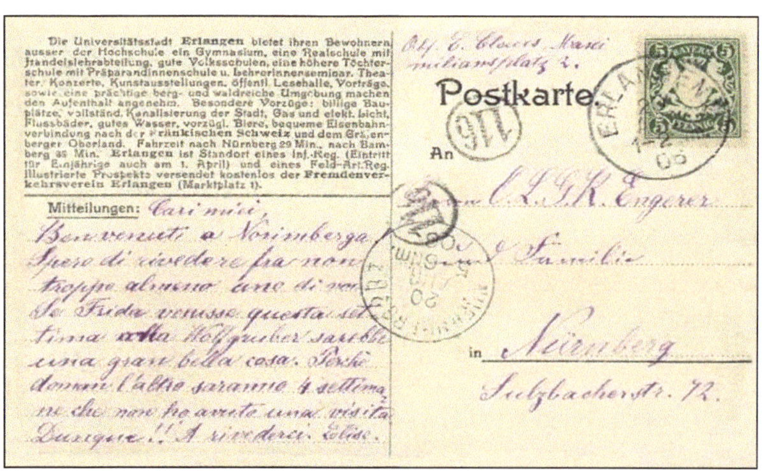

Postkarte: Vorder- und Rückseite von 1906 mit Werbung für Erlangen. Wappenkarte der Altstadt Erlangen.

(1840) Stadtansicht von Erlangen. V. l. n. r.: Neustädter Kirche, Hugenottenkirche, Wasserturm und Altstädter Kirche. Zeichnung und Stahlstich von Poppel (1807–1882).

(um 1840) Erlangen von Osten. V. l. n. r.: Martinsbühler Kirche, Neustädter Kirche, Altstädter Kirche und Hugenottenkirche.

(um 1840) Blick vom Burgberg auf Erlangen.

(1939) Westliche Stadtmauerstraße parallel zum Fuchsengarten.

(2022) Westliche Stadtmauerstraße parallel zum Fuchsengarten.
Foto: Gernot Amelang

(2022) Westliche Stadtmauerstraße parallel zum Fuchsengarten, rechts ist die Engelstraße.
Foto: Gernot Amelang

(2022) Durchgang vom Fuchsengarten durch die Stadtmauer zur Altstadt an der ehemaligen Badstube vorbei zur Westliche Stadtmauerstraße 31.
Foto: Gernot Amelang

(2015) Die Badstube ist eines der ältesten erhaltenen Häuser Erlangens. Fachwerkbau, 17. Jahrhundert. Rest der Altstadtmauer, zweite Hälfte 14. Jahrhundert überbaut. Westliche Stadtmauerstraße 31.
Foto: Gernot Amelang

(2015) Das Wappen der Hohenzollern an der Wand der Badstube. Foto: Gernot Amelang

(2015) Eingang Badstube, rechts die Informationstafel mit dem Wappen der Hohenzollern. Westliche Stadtmauerstraße 31. Foto: Gernot Amelang

(2022) Westliche Stadtmauerstraße, rechts die ehemalige Badstube der Altstadt. Foto: Gernot Amelang

(2022) Durchgang vom Fuchsengarten zur Westlichen Stadtmauerstraße 31. Foto: Gernot Amelang

(2015) Bürgerhaus, ehemaliges Feuerwehrhaus der Neustadt. Westliche Stadtmauerstraße 19 (erbaut 1699). Foto: Gernot Amelang

(2015) Bürgerhaus, ehemaliges Feuerwehrhaus der Neustadt. Der stadtbekannte Kunstmaler und Lebenskünstler Erhard Königsreuther, genannt „Pinsl“, residierte bis 2009 in diesem Anwesen. Westliche Stadtmauerstraße 19 (erbaut 1699). Foto: Gernot Amelang

(2015) Gaststätte „Gleis 1“. Westliche Stadtmauerstraße 17 (erbaut 1874). Foto: Gernot Amelang

(1915) Erster Weltkrieg 1914–18. Übung der freiwilligen Sanitätskolonne vom Roten Kreuz für den Verwundetentransport auf der Fuchsenwiese. Foto: Simon Katz

(1932) Bei den Gerbern auf der Fuchsenwiese.

(im Winter 1932) Weiß-Gerberhandwerk an der Regnitz.

(1940) Frühlingsfest auf dem Plärrer (Fuchsenwiese).

(1941) Frühlingsfest auf der Fuchsenwiese. Foto: Ernst Deuerlein

(1941) Frühlingsfest auf dem Plärrer (Fuchsenwiese). Im Hintergrund die Altstädter Kirche. Foto: Ernst Deuerlein

(1941) Frühlingsfest auf der Fuchsenwiese. Foto: Ernst Deuerlein

(um 1900) „Restauration zum Plerrer", später „Zum Fuchsen", 1955 Umbau des Hauses und seit 1987 „Hühnertod" u. heute „Hugo Beach". 1863 noch Sprisselgasse Nr. 795a, heute Fuchsengarten 1. (Bild 1)

(um 1910) „Restauration zum Plerrer", später „Zum Fuchsen", 1955 Umbau des Hauses und seit 1987 „Hühnertod", heute Hugo Beach. 1863 noch Sprisselgasse Nr. 795a, heute Fuchsengarten 1. Die Bilder 1 und 2 könnten die gleiche Familie (Mutter und Töchter) nur wenige Jahre später sein. (Bild 2)

(2017) Gaststätte „Hühnertod". Ehemals „Restauration zum Plerrer", dann „Zum Fuchsen". Fuchsengarten 1. Im Hintergrund die Altstädter Kirche. Foto: Gernot Amelang

(2017) „Hühnertod“, vormals „Restauration zum Plerrer“, später „Zum Fuchsen“. Heute „Hugo Beach“. Fuchsengarten 1. Foto: Gernot Amelang

(2022) „Hugo Beach“, früher „Hühnertod“. Fuchsgarten 1. Foto: Gernot Amelang

(2022) „Hugo Beach“ vormals „Hühnertod“. Fuchsengarten 1. Im Hintergrund die Altstädter Kirche. Foto: Gernot Amelang

Elektrizitätswerk Erlangen. Der Einzug der Elektrizität in Erlangen begann bereits mit der Bergkirchweih 1887. Vorreiter mit elektrischer Beleuchtung war der Erich-Bierkeller am Burgberg. Der Beginn der flächendeckenden Nutzung der neuen Energieform erfolgte jedoch erst 1902 mit der Eröffnung des städtischen Elektrizitätswerks in der Fuchsenstraße 1. Baubeginn war im Mai 1901, am 28. Januar 1902 wurde das Gebäude als städtisches Elektrizitätswerk in Betrieb genommen. Da der Strombedarf der Stadt Erlangen stark anstieg, wurde 1927 die Maschinenhalle nach Westen erweitert und die vorhandenen Gasturbinen durch Dieselmotoren ersetzt. Im Jahr 1967 wurde die Stromerzeugung an diesem Standort eingestellt und von da an bis heute erfolgt die Stromversorgung durch die Erlanger Stadtwerke.

Durch Umbaumaßnahmen von 1979 bis 1982 wurde das Gebäude im Juli 1982 eröffnet. Es entstand eine Kellerbühne, das Tanz-Werk und die Klubbühne. Zwischen 2001 und 2007 fand eine Generalsanierung des Gebäudes statt. Die Kosten beliefen sich auf insgesamt 3,5 Millionen Euro. Die Stadt Erlangen nahm 2016 nochmals 591.200 Euro in die Hand, um einen Anbau/Neubau für einen Jugendtreff sowie die Neugestaltung des Gartens inklusive Ausschank und einer Gartenbühne zu schaffen.

Städtisches Elektrizitätswerk Erlangen. Fuchsenwiese 1 (erbaut 1901).

Städtisches Elektrizitätswerk Erlangen. Fuchsenwiese 1 (erbaut 1901).

Städtisches Elektrizitätswerk Erlangen. Fuchsenwiese 1 (erbaut 1901).

(1921) Elektrizitätswerk. Am rechten Bildrand sind bereits die ersten Erweiterungsbauten zu erkennen. Fuchsenwiese 1.

Schalthaus (erbaut 1925).

Hochspannungsanlagen für 20.000 Volt nach dem neuesten Stand der Elektrotechnik. 1925/27 Erweiterung und Modernisierung der Gebäude und Maschinenanlagen. Es entstand eine Erzeugungsanlage für den Dreh- und Gleichstrom. Fuchsenwiese 1.

(1925) Der Maschinenraum des Elektrizitätswerks. Als Kraftmaschinen wurden jetzt ausschließlich Dieselmotoren eingesetzt. Im Anbau kam 1929 ein U-Boot-Motor mit Drehstromgenerator zum Einsatz. Fuchsenwiese 1.

(um 1982) Elektrizitätswerk Erlangen (E-Werk), Saaleingang. Fuchsenwiese 1.

Zwischen 1979 und 1982 wurde das Gebäude umgebaut und am 24. Juli 1982 eröffneten die ersten Räume des Kulturzentrums.

(1986) Weihnachten im E-Werk. Fuchsenwiese 1.

(2020) Das E-Werk ist ein Veranstaltungs- und Kulturzentrum im Zentrum der mittelfränkischen Stadt Erlangen. Fuchsenwiese 1. Foto: Gernot Amelang

(2022) E-Werk, Kulturzentrum. Fuchsenwiese 1, rechts in der Mitte die ehemalige Gaststätte „Hühnertod“, heute „Hugo Beach“. Foto: Gernot Amelang

(1911) Die Prinz Ludwig-Brücke an der Palmsanlage (erbaut 1906/07).

(Postkarte: geschrieben 1913) Prinz Ludwig-Brücke. Palmsanlage.

Die Ludwig-Brücke entstand 1906/07, zeitgleich mit der Palmsanlage. Sie wurde zu Ehren des Prinzen Ludwig, des späteren Königs Ludwig III. errichtet. Südlich der Brücke schloss sich eine Denkmalanlage an. Zum neobarocken Ensemble gehörten ein Bronzerelief des Prinzen und eine Brunnenschale mit bronzenen, wasserspeienden Löwenkopf. Die Metallteile wurden 1940 während des Zweiten Weltkriegs eingeschmolzen. 1954 erfuhr die Anlage eine grundlegende Umgestaltung, und der Brunnen wurde entfernt. Die letzten Überreste wurden 1996 abgebrochen.

(um 1915) Prinz Ludwig-Brücke. Palmsanlage, Burgberg.

(1916) Prinz Ludwig-Brücke. Palmsanlage.

(1918) Prinz Ludwig-Brücke. Palmsanlage. Gut zu erkennen das Bronzerelief des Prinzen und eine Brunnenschale mit bronzenem, wasserspeienden Löwenkopf. Postkarte von August Vollrath Nachfolger, ehemalige Papierhandlung in Erlangen.

Der Burgberg Erlangens

Der Burgberg ist ein Bergrücken im Norden Erlangens. Eine weitere Bedeutung für die Stadt gewann der Burgberg, als in den letzten Jahrzehnten des 17. Jhd. die Erlanger Brauer begannen, an seiner Südseite Felsenkeller in den Berg zu treiben. Im Laufe der nächsten 150 Jahre entstanden 16 Felsenkeller, die noch heute ein Labyrinth von mehr als 21 km Länge bilden.

(um 1860) Blick auf die Bayreuther Straße mit dem Bayreuther Tor.

(1901) Der Burgberg noch ohne Wasserturm.

(1902) Die Essenbacher Brücke, auch immer wieder als Schwabachbrücke bezeichnet. Bayreuther Straße. Bildmitte die Gefäll-Stelle (Zollhaus). Der Wasserturm war noch nicht gebaut am Burgberg.

(1903) Der Burgberg, vorn die Essenbacher Brücke. Hier ist der Burgberg noch ohne Wasserturm zu sehen, dieser wurde erst 1904/05 erbaut. Bayreuther Straße.

(1906) Burgberg mit Aussichtsturm/ Wasserturm und Essenbacher Brücke. Geradehin das Zollhaus an der Bayreuther Straße.

Bildmitte im Hintergrund das Zollhaus (Gefäll-Stelle). Bayreuther Straße 24. Das Gebäude stand in der Straßengabelung und diente zur Erhebung des Zollpflasters.

(1906) Essenbacher Brücke.

(1916) Burgberg und Wasserturm. Der Fluss ist zwar die Schwabach, aber die Brücke heißt Essenbacher Brücke an der Bayreuther Straße.

(1920) Essenbacher Brücke. Rechts die Gefäll-Stelle. Bayreuther Straße 24.

(1920) Burgberg im Winter. Auch hier fälschlicherweise als Schwabachbrücke bezeichnet. Es ist die Essenbacher Brücke an der Bayreuther Straße.

(1940) Im Vordergrund die Essenbacher Brücke (Bayreuther Straße). Vor dem Zollhaus verläuft an der Gabelung nach links die Bayreuther Straße weiter und rechts beginnt die Essenbacher Straße.

(1956) Blick vom Burgberg-
Café auf Erlangen.

(2019) Blick vom Burgberg auf die Innenstadt von Erlangen. Foto: Loebe J. E.

Skulpturengarten Heinrich Kirchner

Im Norden der Stadt erhebt sich auf 332 Meter der Erlanger Burgberg, an dessen Südhang sich seit 1982 der Skulpturengarten Heinrich Kirchner befindet.

Heinrich Kirchner (12. Mai 1902 in Erlangen; † 03. März 1984 in Pavolding, Gemeinde Seeon-Seebruck, im Chiemgau) war ein deutscher Bildhauer.*

(2019) Burgberg. Foto: Gernot Amelang

(2019) Foto: Gernot Amelang

(2019) Am Burgberg. Foto: Gernot Amelang

(2019) Foto: Gernot Amelang

(2019) Burgberg. Foto: Gernot Amelang

Das Platenhäuschen in Erlangen

(1920) Platenhäuschen. Burgbergstraße 92 (erbaut zweiten Hälfte des 18. Jahrhunderts).

Der Dichter August Graf von Platen-Hallermünde wurde am 24. Oktober 1796 in Ansbach als Sohn des dortigen Oberforstmeisters Graf Philipp August von Platen-Hallermünde in zweiter Ehe mit Baronin Christiane Eichler von Auriz am 24.10.1796 geboren und am 05.12.1835 in Syrakus, Sizilien, gestorben. 1819 kam er als Student der Rechte nach Erlangen. Er gab sein bisheriges Studienfach auf und widmete sich stattdessen der Poesie. Es entstanden die ersten Gedichtbände sowie Theaterstücke. Im Jahr 1826 verließ Platen Erlangen wieder, um den Rest seines Lebens in Italien zu verbringen. Im Jahr 1828 machte Heinrich Heine Platens Homosexualität in den letzten beiden Kapiteln seiner „Bäder von Lucca“ öffentlich. Ausgelöst wurde dieser persönliche Angriff Heines durch Platen, der Heine wegen seiner jüdischen Herkunft verunglimpft hatte. Platen und Heinrich Heine gerieten daraufhin in einen heftigen Streit, der ein lebenlang anhielt. Das 1756/57 erbaute Häuschen an der Nordwestseite des Burgbergs hatte August Graf von Platen im Jahr 1824 als Sommerhaus angemietet. Im Jahr 1925 kauft der Heimatverein das Platenhäuschen und richtet darin einen denkwürdigen Ort ein. Am Tag der Eröffnung, dem 13. September 1925, gründet sich die Platen-Gesellschaft. Nach dem Zweiten Weltkrieg wurde das Häuschen als Wohnhaus genutzt. Ab Juli 1956 wurde das Häuschen als Gedenkstätte wiedereröffnet. Das Platenhäuschen befindet sich seit 1963 im Besitz der Stadt Erlangen.

(um 1830) August Graf von Platen-Hallermünde.

(1925) Platenhäuschen. Burgbergstraße 92.

(1942) Platenhäuschen. Burgbergstraße 92.

(2019) Platenhäuschen. Burgbergstraße 92. Foto: Gernot Amelang

(2022) Platenhäuschen, der Anbau ist komplett abgetragen. Burgbergstraße 92. Foto: Gernot Amelang

1891 wurde am Burgberg der erste Trinkwasserspeicher in Betrieb genommen. In den Wasserkammergewölben aus Stampfbeton konnten 600 Kubikmeter Wasser gespeichert werden. Um Grundwasser zu gewinnen, wurden in der Nähe des heutigen Wasserwerkes Brunnen errichtet.

(1898) Wasserreservoir auf dem Burgberg.

(1908) Der Wasserturm

Die Wasserversorgung der Stadt Erlangen erfolgte bis 1891 durch Brunnen, entweder eigene Hausbrunnen oder öffentliche Brunnen auf Straßen und Plätzen. 1890 wurde mit dem Bau des ersten städtischen Wasserspeichers auf dem Burgberg begonnen. 1891 waren die Bauarbeiten abgeschlossen und mit dem „Hochreservoir" ging der erste Trinkwasserspeicher Erlangens in Betrieb. 1904/05 wurde nach Plänen des Stadtbaurats Franz Kreuter und Entwürfen des Münchner Bauassistenten Hugo Siebe der 35 Meter hohe Wasserturm auf dem Burgberg errichtet. Der Turm sollte die Trinkwasserversorgung des entstehenden Villenviertels auf dem Burgberg sicherstellen. Anfangs konnte der Turm gegen ein Eintrittsgeld bestiegen werden. Man hatte einen herrlichen Ausblick bis nach Fürth, Nürnberg und Forchheim.

(1916) Der Wasserturm auf dem Burgberg. Burgbergstraße 90 (erbaut 1905).

(1905) Wasserturm auf dem Burgberg. Burgbergstraße 90.

(1915) Wasserturm auf dem Burgberg. Burgbergstraße 90.

(1921) Der Wasserturm mit Wasserbehälter auf dem Burgberg. Der Wasserbehälter befindet sich im oberen Teil des Turms, der mit Holz verkleidet ist. Burgbergstraße 90.

(2022) Wasserturm auf dem Burgberg. Burgbergstraße 90 (erbaut 1905). Foto: Gernot Amelang

(2022) Neben dem Wasserturm befindet sich auf der rechten Seite der Hochbehälter. Burgbergstraße 90. Foto: Gernot Amelang

(2022) Neubau des Hochbehälters am Wasserturm auf dem Burgberg. Der alte Hochbehälter von 1956 wurde 2019 abgerissen und nur die Außenfassade blieb erhalten. Burgbergstraße 90. Foto: Gernot Amelang

(2022) Wasserturm auf dem Burgberg. Burgbergstraße 90. Foto: Gernot Amelang

Die Heiliggrab-Kapelle

Die Heiliggrab-Kapelle ist eine kleine Sandsteinkapelle auf dem Erlanger Burgberg. Sie stammt vermutlich aus dem 15. Jahrhundert und ist damit das älteste Gebäude der Stadt. In seiner Nähe befand sich ein Siechenhaus (Siechenhäuser waren im Gegensatz zu den mittelalterlichen Hospitälern Isolieranstalten für Menschen, die als „seuchengefährdet" galten und außerhalb von Siedlungen und Städten errichtet wurden). Die Marienkapelle war die Vorgängerin der Altstadtkirche; bereits 1288 wird der Friedhof erwähnt, der bis zur Stadtrandsiedlung 1706 den Erlanger Bürgern als Begräbnisstätte diente.

(um 1900) Links: Ehemaliges Siechenhaus. Bayreuther Str. 42. Im Vordergrund ein Kleinkind mit seiner Mutter. Im Hintergrund eine Dame, die dem Fotografen bei der Arbeit zusieht. Rechts zwischen den Bäumen ist die Grabkapelle zu erkennen.

(um 1910) Bildmitte: Im Hintergrund die Grabkapelle (Burgbergkapelle). Böttigersteig. Links: ehemaliges Siechenhaus. Bayreuther Straße 42.

(um 1910) Links die Grabkapelle. Böttigersteig. Rechts das ehemalige Siechenhaus. Bayreuther Straße 42.

(1929) Grabkapelle (Burgbergkapelle). Ältestes Baudenkmal der Stadt Erlangen. Böttigersteig.

(1935) Grabkapelle (Burgbergkapelle). Erbaut im 14. Jahrhundert. Böttigersteig. Rechts verläuft die Bayreuther Straße.

(2006) Grabkapelle (Burgbergkapelle) am Böttigersteig.

(2016) Grabkapelle (Burgbergkapelle), Böttigersteig. Im Hintergrund das ehemalige Siechenhaus. Bayreuther Straße 42. Foto: Gernot Amelang

(2016) Grabkapelle (Burgbergkapelle), rechts unten meine Frau Angelika Amelang. Böttigersteig. Foto: Gernot Amelang

(2016) Foto: Gernot Amelang

(2016) Grabkapelle (Burgbergkapelle), Innenansicht der Burgbergkapelle. Böttigersteig. Foto: Gernot Amelang

(1900) Gasthaus „Preußischer Adler“, heute Fischküche Nützel. Alte Haus-Nr. 748, heute Bayreuther Straße 33 (erbaut 1756).

(1910) Gasthaus „Preußischer Adler“, heute Fischküche Nützel. Alte Haus-Nr. 748, heute Bayreuther Straße 33 (erbaut 1756).

(2021) Ehemaliges Gasthaus „Preußischer Adler“, heute Fischküche Nützel. Bayreuther Straße 33 (erbaut 1756). Foto: Gernot Amelang

(um 1908) Bäckerei von Friedrich Johann Müller. Bayreuther Straße 37.

(um 1928) Bäckerei von Johann Müller. Vor der Bäckerei befindet sich eine BP OLEX-Zapfsäule. Im Laden wurden neben Backwaren auch Waschmittel (Persil, IMI etc.) verkauft. Bayreuther Straße 37.

Der Blick vom Burgberg aus folgt dem Verlauf der Bayreuther Straße von der Essenbacher Brücke bis zum Martin-Luther-Platz, früher Altstädter Holzmarkt. Im 18. Jahrhundert hieß der Platz Altstädter Marktplatz bzw. Altstädter Rathausplatz.

(1910) Bayreuther Straße.

(1913) Der Blick geht nach Norden zum Burgberg mit dem Wasserturm. Der Pferdewagen wird nach wenigen hundert Metern den beschrankten Bahnübergang vor dem Burgbergtunnel erreichen. Eine Brücke über die Bahngleise gab es damals noch nicht. Rechts das Haus im Hintergrund mit der kleinen Stützmauer ist das Stadtfischerhaus an der Schwabach. Bayreuther Straße 22.

(10. August 1914) Wache bei Kriegsausbruch am Zollhaus (Gefäll-Stelle). Angehörige des 19. Infanterie-Regiments. Das Gebäude stand an der Straßengabelung nördlich der Essenbacher Brücke und diente der Erhebung des Pflasterzolls. Bayreuther Straße 24.

(1920) Gefäll-Stelle. Ein Milchwagen mit Hundegespann, eine sogenannte „Hundsmutter". Das waren Hunde, die wie Zugtiere vor den Wagen gespannt wurden. An der Stelle der ehemaligen Gefäll-Stelle steht heute ein Neubau. Bayreuther Straße 24.

(1916) Blick auf die Bayreuther Straße. Die junge Dame sinniert vermutlich auf einer Bank im Schunck'schen Garten am Burgberg oberhalb des Burgbergtunnels. Der Garten wurde in den Jahren nach 1820 von Prof. Karl Schunck und seiner Gemahlin am Westhang des Burgberges in einem stillgelegten Steinbruch erworben und angelegt. Der Blick geht hinunter zur Eisenbahn, zum Kanal, zur Martinsbühler Kirche und zum Altstädter Friedhof.

(1920) Der Schwabach-Grund mit Burgberg.

(1905) Kinder posieren für den Fotografen vor dem Fischerhaus an der Schwabach. Bayreuther Straße 22.

(1880) Blick auf Essenbach. Rechts das 3. Haus mit der kleinen Stützmauer ist das Fischerhaus an der Schwabach. Ein Mann steht vor einer Handschwengelpumpe. Bayreuther Straße 22.

(1917) Fischerhaus an der Schwabach. Bayreuther Straße 22 (erbaut um 1720–25).

(1930) Fischerhaus der Familie Rudel an der Schwabach. Bayreuther Straße 22.

(1920) Fischerhaus der Familie Rudel an der Schwabach. Bayreuther Straße 22 (erbaut um 1720–25).

(um 1930) Fischerhaus an der Schwabach. Bayreuther Straße 22.

(um 1940) Fischerhaus an der Schwabach. Bayreuther Straße 22.

(1950) Fischerhaus an der Schwabach. Auch 30 Jahre später spielen noch Kinder an der Schwabach. Zwei junge Frauen sitzen auf der Brüstung und unterhalten sich. Nur das Häuschen an der Befestigungsmauer ist abgerissen. Bayreuther Straße 22 (erbaut um 1720–25).

(2017) Fischerhaus. Das Haus gehörte einst der Stadtfischerfamilie Rudel. Über dem Hauseingang ein Karpfen. Er soll auf das hier ausgeübte Handwerk hinweisen. Bayreuther Str. 22.
Foto: Gernot Amelang

(2022) Blick von der Hauptstraße auf die Bayreuther Straße. Links unten ist das ehemalige Fischerhaus.
Foto: Gernot Amelang

(2025) Fischerhaus. Bayreuther Straße 22.
Foto: Gernot Amelang

(2017) Bayreuther Straße.
Foto: Gernot Amelang

(2021) Bayreuther Straße 20 (erbaut Anfang 18. Jh.).
Foto: Gernot Amelang

(2021) Blick von der Bayreuther Straße in Richtung
Hauptstraße und Altstädter Kirche. Foto: Gernot Amelang

(2021) Bayreuther Str. 7
(erbaut Mitte 19. Jh.).
Foto: Gernot Amelang

(1938) Evangelischer Kindergarten in der Altstadt von Erlangen. Ein Bibelzitat von Jesus am Haus. Bayreuther Straße 11. Heute befindet sich hier ein Neubau mit Pfarramtsbüro.

(1938) Evangelischer Kindergarten in der Erlanger Altstadt. Bayreuther Straße 11. Heute befindet sich hier ein Neubau mit Pfarramtsbüro.

Bereits 1749 wurde in der Schankwirtschaft Bier ausgeschenkt. Sechs Jahre später erhielt die Schankwirtschaft den Namen Gasthaus „Zum goldenen Walfischlein". Nach dem Zweiten Weltkrieg wurde das Gasthaus geschlossen. Essenbacher Straße 5 (erbaut 1744).

(2021) Ehemaliges Gasthaus „Zum goldenen Walfischlein".
Essenbacher Straße 5 (erbaut 1744). Foto: Gernot Amelang

(2021) Ehemaliges Gasthaus „Zum goldenen Walfischlein".
Essenbacher Straße 5 (erbaut 1744). Foto: Gernot Amelang

(um 1940) Gasthaus „Zum Brandenburger Adler". Heute Restaurant „Chilli's". Essenbacher Straße 13 (erbaut 1712, zweites Obergeschoss 1867).

(2021) Restaurant „Chilli's". Ehem.Gasthaus „Zum Brandenburger Adler". Essenbacher Straße 13 (erbaut 1712, zweites Obergeschoss 1867). Foto: Gernot Amelang

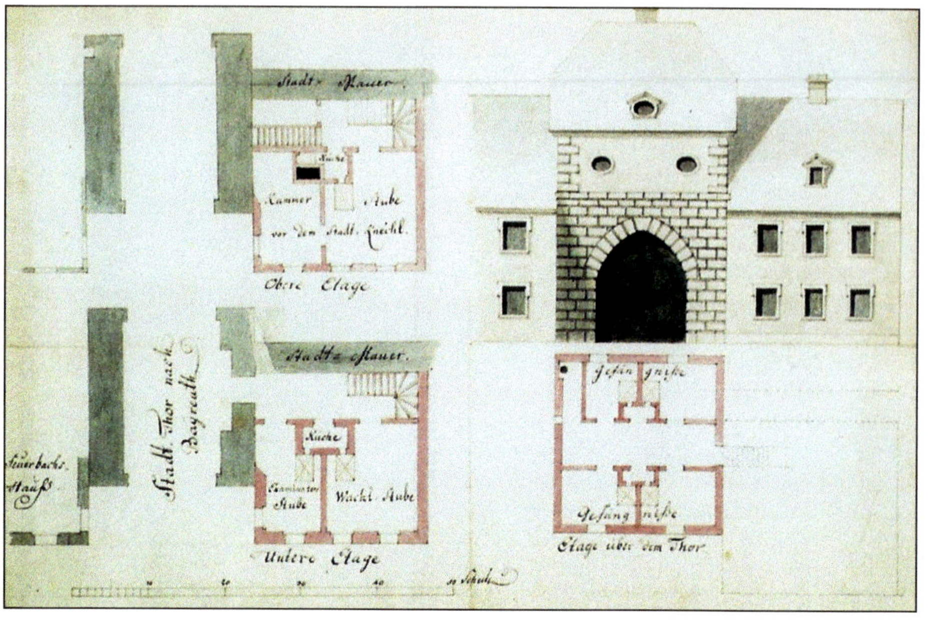

(1777) Plan für den Neubau des Torwärterhauses und des neuen Toraufbaus mit Gefängnis. Hauptstraße 117–120.

(um 1865) Bayreuther Tor der Altstadt. Auf der Laterne des Mansarddachs des Bayreuther Tors thronte der „Göker“, ein markgräflicher Wappenadler aus vergoldendem Blech. Abgebrochen 1865. Hauptstr. 117.

(um 1865) Bayreuther Tor der Altstadt. Hauptstraße 117. Ansicht von Norden. Abgebrochen 1865. Im Hintergrund der Turm der Evangelisch-lutherischen Altstädter Pfarrkirche (Dreifaltigkeitskirche).

(1905) Hauptstraße am Bayreuther Tor. Im Vordergrund sehen wir rechts eine sogenannte „Hundsmutter“. Hunde die zur Arbeit genutzt wurden.

(1920) Die Häuser Hauptstraße 113, 115 u. 117 gehören zu den wenigen Gebäuden, die beim Altstadtbrand von 1706 nicht zerstört wurden.

(1930) Das Haus in der Hauptstraße 115 (mittig) - eines der wenigen verschont gebliebenen Gebäude des Stadtbrandes von 1706 (erbaut 1650). Hier noch mit Toreinfahrt.

(2021) Das Haus Hauptstraße 115 (erbaut 1650). Das Woll-Kontor war noch 1930 eine Toreinfahrt.
Foto: Gernot Amelang

(2022) Bildmitte die Hauptstr. 115. Rechts daneben die „Gionti Bar" & Restaurant. Hauptstraße 117. Hier stand das Bayreuther Tor der Altstadt. Hauptstraße 117.
Foto: Gernot Amelang

(um 1935) Blick von der Bayreuther Str. zur Adolf-Hitler-Straße (Hauptstraße) mit Altstädter Kirche. Wo sich die Menschengruppe befindet, stand einst das Bayreuther Tor.

(1939) Verengte Hauptstraße vor dem ehemaligen Bayreuther Tor. Links die gestaffelten Häuser aus der Zeit nach dem Dreißigjährigen Krieg, die vom Stadtbrand 1706 verschont blieben. Adolf-Hitler-Straße (Hauptstraße).

(1954) Ehemaliges Examinatorhaus am Bayreuther Tor. Hier wurden einst mitgeführte Waren mit einem „Aufschlag“ versehen und Pflasterzoll erhoben. Das Haus war auch Geburtshaus von Max Zielbauer. Aufnahme entstand kurz vor dem Abriss 1954. Alte Haus-Nr. 712, dann Hauptstraße 120/ Ecke Cedernstraße.

(um 1920) Max Zielbauer mit Frau und Tochter Maria. Max Zielbauer schrieb Gedichte und Erzählungen in Erlanger Mundart. Er war auch Verleger.

Erlanger Mundartdichtung.

(um 1955) Blick von Bayreuther Straße zum Martin-Luther-Platz/ Hauptstraße mit Altstädter Kirche. Hier fuhren noch die Bauern mit ihrem Ochsengespann durch die Hauptstraße.

(um 1960) Der Betrachter blickt von der Bayreuther Straße auf die Hauptstraße mit der Altstädter Kirche.

(2022) Die Bronzetafel am Haus Hauptstraße 117 in Erlangen erinnert an das 1865 abgerissene Bayreuther Tor, das sich an dieser Stelle befand. Fotos: Gernot Amelang

(um 1930) Gasthaus „Zur Burg“. Der Wirt hieß Franz Popp. Heute befindet sich hier das indische Restaurant „Sangam“. Martinsbühler Straße 1.

(um 1930) Gasthaus „Zur Burg“. Martinsbühler Straße 1.

(2022) Indisches Restaurant „Sangam“. Früheres Gasthaus „Zur Burg“. Martinsbühler Straße 1. Foto: Gernot Amelang

Der „Saugraben"

Die Stadtmauer war eines der wichtigsten Privilegien des Stadtrechts. Sie bot Schutz in Kriegszeiten. Durch einen Erlass König Wenzels im Jahre 1398 und die Bereitstellung der finanziellen Mittel erhielt Erlangen seine Stadtmauer. Diese umschloss die Altstadt jedoch nicht vollständig. Erlangen war damals eine kleine Stadt. Die Einwohnerzahl betrug um 1495 nicht mehr als 300. Der Haupterwerb der Erlanger Bürger war die Landwirtschaft. Sie waren Bauern mit Bürgerrecht und bewirtschafteten ihre Grundstücke innerhalb der städtischen Feldmark (unbebaute Grundstücke), dazu gehörten Ackerland, Wiesen, Weiden, Waldungen etc. Sie wurden „Stadtbauern" genannt. Im Zweiten Markgrafenkrieg, im Dreißigjährigen Krieg und durch den Stadtbrand von 1706 wurde die Stadtmauer stark beschädigt. Zwischen 1708 und 1780 wurden die Neustadt und die noch nicht ummauerten Teile der Altstadt neu befestigt. Die Mauer verlief vom Kirchentor in Höhe der Altstädter Kirche nach Osten und entlang der Cedernstraße nach Norden. Dort, wo die Cedernstraße nach Westen abknickt, stand einer der Befestigungstürme der Mauer, der sogenannte Katzenturm. Der Abschnitt der Hauptstraße zwischen Wöhrstraße und Vierzigmannstraße war durch das Bayreuther Tor in der Mitte unterbrochen. Das Martinsbühler Tor befand sich an der Kreuzung der Nördlichen Stadtmauerstraße und der Pfarrstraße. Die Mauer verlief parallel zur Schulstraße nach Osten bis zum Kirchentor. Ab 1774 konnten die Altstadtbäcker ihre Säue im Stadtgraben hüten lassen. Daher der Name „Saugraben".

(1910) Der älteste Abschnitt der Erlanger Stadtmauer ist der Saugraben. Die heutige Straße heißt Nördliche Stadtmauerstraße. Die Bezeichnung (Sauggraben) wie auf dem Foto war von 1901–1925.

(1916) Reste der mittelalterlichen Stadtmauer am „Saugraben" mit integrierten Kleinhäusern. Die Eingänge der Kleinhäuser befinden sich in der Lazarettstraße. (ab 1774 Saugraben, 1901–1925 Sauggraben, seit 1953 Nördliche Stadtmauerstraße).

(1930) „Der Saugraben". Nördliche Stadtmauerstraße.

(1930) „Der Saugraben". Nördliche Stadtmauerstraße.

(1930) Der westliche Abschnitt der noch unbefestigten Nördlichen Stadtmauerstraße. „Der Saugraben", ist der älteste Stadtteil von Erlangen.

(1930) Stadtmauer am „Saugraben“ mit integrierten Kleinhäusern die zur Lazarettstraße gehören. Nördliche Stadtmauerstraße.

(1946) „Der Saugraben“ an der Nördliche Stadtmauerstraße.

(1946) „Der „Saugraben“. Nördliche Stadtmauerstraße.

(2015) „Der Saugraben", ältester Stadtteil von Erlangen. Nördliche Stadtmauerstraße. Foto: Gernot Amelang

(2016) „Der Saugraben". Nördliche Stadtmauerstraße. Foto: Gernot Amelang

(2021) „Der Saugraben". Nördliche Stadtmauerstr. Die Sanierung der Erlanger Stadtmauer ist abgeschlossen. Die kleinen Häuser sind in die Stadtmauer integriert und befinden sich in der Lazarettstraße. Foto: Gernot Amelang

(2021) „Der Saugraben“.
Nördliche Stadtmauerstr.
Foto: Gernot Amelang

(2021) Schön restaurierte Stadtmauer. Nördliche Stadtmauerstraße.
Kleine, in die Stadtmauer integrierte Häuser.
Lazarettstraße 1–5.
Foto: Gernot Amelang

(2022) Fertig saniertes Kleinhaus in der Lazarettstraße 1. Erbaut 1740 über der spätmittelalterlichen Befestigung der Altstadt.
Foto: Gernot Amelang

(2022) Sanierung des späteren Stadtforscherhauses (erb. 1669/70, erweitert 1718/19 und 1753/54). Das kleine Haus wurde in die Stadtbefestigung integriert. Es ist eines der wenigen Häuser innerhalb der alten Erlanger Stadtmauer, die den großen Stadtbrand von 1706 überstanden haben und heute noch stehen. Lazarettstraße 3–5.
Foto: Gernot Amelang

(2022) Die kleinen Häuser in der Lazarettstraße 3–5 werden noch saniert.
Foto: Gernot Amelang

(1910) Lazarettstraße 7. Dieses Haus gibt es heute so nicht mehr.

(2021) Am „Saugraben". Blick von der Nördlichen Stadtmauerstraße. Das Haus gehört mit zur Pfarrstraße 18.
Foto: Gernot Amelang

(2022) Die Malschule & Galerie Dika und der Anbau rechts ist das Porzellangeschäft Weissbrich. Pfarrstraße 18 (erbaut 1788/89). Bildmitte geht es in die Lazarettstraße. Foto: Gernot Amelang

Der Erlanger Altstadtbrand

Feuerlöschgerät, Entwurf (1615) von Salomon de Caus.

Am 14.08.2006 jährte sich die verheerende Brandkatastrophe zum 300.

Damit ein solches Unglück nicht wiederkehre, wurde im Jahr 1711 eine „Feuerordnung" für die Alt- und Neustadt erlassen. Sie regelte den Einsatz von Löschgeräten, die Brandverhütung und das Verhalten der Bürger im Brandfall. Jeder Bürger der Stadt war verpflichtet, bei der Brandbekämpfung mitzuhelfen.

Feuerlöschspritze aus dem Jahr 1540.

Der lederne Löscheimer hat eine Tradition bis ins 17. Jahrhundert und ist 37 cm hoch, damals wurde bei Bränden das Wasser aus Brunnen, Flüssen und Teichen zur Brandstelle gebracht.

(1721) Die ersten Straßenlaternen auf dem Altstädter Holzmarkt, heute Martin-Luther-Platz.

(um 1843) Altstädter Holzmarkt, seit 1928 Martin-Luther-Platz. Altstädter evangelisch-lutherische Dreifaltigkeitskirche. Nach dem Altstadtbrand von 1706 völlig neu erbaut –1721 geweiht.

(2020) Entstehungsort des großen Stadtbrandes in der Memminger Brauerei 1706, Hauptstraße 103–105 (ab 1866 besser bekannt als Niklasbräu oder auch Papa Joe's). Heute befindet sich hier die Gaststätte „Glüxrausch", Hauptstraße 103/Ecke Pfarrstraße (erbaut 1706). Foto: Gernot Amelang

(2020) Martin-Luther-Platz (v. l. n. r.: Nr. 2, 3, 4, 5, 6), gelbe Markierung zeigt die Lage der Häuser vor dem Stadtbrand. Neu erbaut: v. l. n. r.: Nr. 2 (1706/07), Nr. 3 (1707), Nr. 4 (1707), Nr. 5 (um 1706), Nr. 6 (1707). Foto: Gernot Amelang

(2020) Martin-Luther-Platz (v. l. n. r.: Nr. 4, 5, 6), gelb markiert ist der Standort der Häuser vor dem Stadtbrand. Foto: Gernot Amelang

(2020) Panoramafoto: Martin-Luther-Platz (v. l. n. r.: Nr. 2, 3, 4, 5, 6). Foto: Gernot Amelang

(um 1925) Altstädter Holzmarkt, seit 1928 Martin-Luther-Platz.

Die Hauptstraße ist so lang in einem fort, dass uns die Menschen an einem Ende klein erscheinen; aber sie ist doch so breit, dass drei Wagen sich in derselben bequem begegnen können. (Stadtbeschreibung von 1759). 1707 begann man mit der Pflasterung der Straßen. 7300 Meter Straße wurden bis zum Jahre 1775 gepflastert, nachdem man schon im Jahre 1873 im Begriff war, die Trottoirs (Bürgersteige) anzulegen.

(Quelle: Aus der Stadtchronik von 1898).

(17.–19. Juli 1899) Festzug zum 50. Stiftungsfest der Burschenschaft Germania Erlangen mit Chargierten (Personen in einer Studentenverbindung, die ein Führungsamt ausführten) zu Pferd über den Altstädter Holzmarkt, heute Martin-Luther-Platz und Hauptstraße.

(17.–19. Juli 1899) Festzug zum 50. Stiftungsfest der Burschenschaft Germania Erlangen mit dem Musikkorps des 19. Infanterieregiments auf dem Altstädter Marktplatz (heute Martin-Luther-Platz).

Brauzentrum der Altstadt - 1700 bis 1911

An der Westseite des Martin-Luther-Platzes, der das Zentrum der Altstadt bildete, befanden sich in den Häusern mit den heutigen Hausnummern 3, 4 und 5 drei Brauereien in direkter Nachbarschaft. Die Brauereien Bußbacher (vormals Stahl), Fischer und Ammon (vormals Tauber) entstanden Ende des 17. Jahrhunderts und haben eine ähnliche Geschichte hinter sich. Nach dem Stadtbrand im Jahr 1706 wurde die komplette Häuserfront nach hinten versetzt, weshalb sich die alten Brauereikeller heute teilweise unter dem Platz befinden. Vor dieser Katastrophe lag Nikolaus Schad (Martin-Luther-Platz 3) mit einer jährlichen Bierproduktion von 250 Hektoliter immerhin an dritter Stelle der neun Altstädter Brauereien. Unter Johann Georg Stahl, der die Brauerei 1788 erwarb, hatte sie dann aber an Bedeutung verloren, sein Sohn Friedrich musste die Hausbrauerei 1870 an die Eheleute Bußbacher verkaufen. Diese stellten den Sudbetrieb ein und schenkten in der Gaststätte fortan Bier der Brauerei Ott aus. Die Nachbarbrauerei (Martin-Luther-Platz 4), die zuvor u. a. von der Familie Windisch betrieben wurde, gewann erst an Bedeutung, als sie 1760 in den Besitz der Familie Vierzigmann überwechselte. Unter Konrad Vierzigmann brachte sie es in den 1840er-Jahren mit einem Bierausstoß von jährlich knapp 700 Hektoliter sogar an die zweite Stelle aller Erlanger Brauereien. Am Export beteiligte man sich zwar nur in geringem Umfang, dennoch bedeutete der Rückzug aller Erlanger Brauereien auf dem lokalen Markt zunehmende Absatzprobleme. Der letzte Eigentümer der Familie, Georg Friedrich Vierzigmannn, vermachte der Stadt Erlangen 1865 sein gesamtes Vermögen in Höhe von 260.000 Gulden, weshalb auch der ehemalige Lange Weg nach ihm benannt wurde. Nach seinem Tod erwarb Zephanias Fischer die Sudstätte, die aber zunehmend an Bedeutung verlor, bis der Betrieb 1902 eingestellt wurde. Der Privatbetrieb von Frau Pölchinger (Martin-Luther-Platz 5) gelangte noch vor dem großen Stadtbrand in den Besitz der Familie Memminger. Über das Bierbrauen ist aus dieser Zeit jedoch nichts überliefert. Nach dem Verkauf gründete Ulrich Kretschmann die Brauerei im Jahr 1828 unter Einbeziehung des rückwärtig anliegenden Gebäudes in der Schulstraße neu. Unter der Führung Ulrich Kretschmanns und seines Sohnes (ab 1850) entwickelte sich das Unternehmen zu einer mittelgroßen Sudstätte. 1866 wurde es von Christian Ulrich Tauber erworben. Man beteiligte sich nicht am Export und stärkte stattdessen die eigene Stellung am lokalen Markt, was Tauber zur Nummer fünf der Erlanger Brauereien machte. Der Ausschank erfolgte auch auf dem Keller am Burgberg, der später unter den Namen „Pfahler's-Keller" und „Entla's-Keller" geführt werden sollte. 1911 setzte Johann Ammon, der den Betrieb 1902 erwarb, den letzten Sud an. Über den Hufschmiede- und Wagnermeister Pfahler ging das Anwesen schließlich 1951 in den Besitz der Familie Engelhardt über, die den „Entla's-Keller" noch heute während des gesamten Sommers betreibt.

Die Informationen wurden teilweise dem Buch „...ein Erlanger, bitte!" von Jochen Buchelt, Hans-Diether Dörfler und Martin Schieber (Verlag Junge & Sohn, 2000) entnommen.

Erste Erlanger Aktienbrauerei - vor 1706 bis 1919 (vormals Brauerei Carl Niklas)

Ende des 17. Jahrhunderts gehörten die Anwesen Hauptstraße Nr. 103, 105 und 107 dem Bierbrauer, Gastwirt und Mitglied des Rates der Altstadt Erlangen Ruprecht Memminger. Als einer der kleineren Erlanger Brauer schenkte er sein Bier in den eigenen Gasthäusern, der „Goldenen Krone“ (Hauptstraße 103) und dem „Roten Roß“ (Hauptstraße 105), aus. Am 17. August 1706 löste ein Funkenschlag aus Memmingers Kamin in der Hauptstraße 103 den verheerenden Stadtbrand aus, der innerhalb von wenigen Stunden fast alle Gebäude der Altstadt vernichten sollte. Ruprecht Memminger baute 1706/07 seinen Besitz wieder auf. Im Gegensatz zum „Roten Roß“ wurde die „Goldene Krone“ nicht mehr als Braustätte geführt und schließlich auch als Gastwirtschaft geschlossen. Über verschiedene Familien gelangte die Brauerei in den Besitz der Hertleins, die später auch Eigentümer der Brauerei Ott waren und schließlich der Braustätte in der Engelstraße 15 ihren Namen gaben. Erst Karl Philipp Niklas, der 1866 als Käufer erschien, schaffte es die Firma durch kräftige Investitionen in die Spitzengruppe der Erlanger Brauereien. Die 1870er-Jahre brachten eine explosionsartige Ausweitung der Bierproduktion aller großen Erlanger Brauereien und Niklas steigerte den Ausstoß auf bis zu 27.000 Hektoliter. Hinter Erich, Henninger und Reif belegte man damit nun den vierten Platz in Erlangen. Das Betriebsgelände wurde auf sechs Anwesen vergrößert und große Kelleranlagen eingerichtet, die zum Teil bis heute als Lokale genutzt werden. Als Symbolfigur für die Brauerei entstand Ende des 19. Jahrhunderts der Niklas-Nikolaus. Um sich genügend Kapital im Konkurrenzkampf mit den anderen Exportbrauereien zu verschaffen, wurde die Gesellschaftsform geändert und die Firma zur Ersten Erlanger Aktien-Brauerei, vormals Carl Niklas. Für den Versand der Exportbiere, die immer wieder hervorragende Beurteilungen erhielten, standen am Güterbahnhof sogar eigene Güterwaggons bereit. 1910 konnte Carl Niklas, Brauereidirektor der Aktiengesellschaft, das Anwesen der Brauerei Stahl in der Pfarrstraße Nr. 10 bis 14 erwerben. Anschließend ließ er die Kelleranlagen der beiden Brauereien unter der Mittleren Schulstraße hindurch verbinden. Der Erste Weltkrieg brachte das Ende der Blüte der Ersten Erlanger Aktienbrauerei. So musste 1919 der Betrieb aufgegeben werden. Das Braukontingent wurde an die Henninger-Reif-Bräu verkauft und die Aktiengesellschaft 1922 endgültig liquidiert. Die Gaststätte „Zum Niklasbräu“, die Ende des 19. Jahrhunderts vom Namensgeber des Birkner-Kellers am Burgberg, Emil Birkner, betrieben worden war, wurde nach kurzer Unterbrechung weitergeführt. Dort war nun Bier der Hofbräu Erlangen und Bamberg zu haben.

Die Informationen wurden teilweise dem Buch „...ein Erlanger, bitte!“ von Jochen Buchelt, Hans-Diether Dörfler und Martin Schieber (Verlag Junge & Sohn, 2000) entnommen.

(um 1890) Seit 1706 wurde in der Hauptstraße 103 Bier produziert. Einen richtigen Aufschwung erlebte der Betrieb erst 1866 mit dem Wechsel zur Familie Niklas, hier auf einer Postkarte.

(1900) Der Altstädter Holzmarkt rechts, heutiger Martin-Luther-Platz und die Hauptstraße. Links das Gasthaus „Silberner Panzer“, heute Gasthaus zum „Pleite Geier“. Rechts Restauration Niklasbräu, dann Diskothek „Papa Joe's“, heute Restaurant „Glüxrausch“.

Brauerei Stahl - 1700 bis 1910

Die Pfarrstraße, noch heute eine verkehrsreiche und wichtige Ost-West-Verbindung, war die „Ausfallstraße“ der Erlanger Altstadt nach Westen, zum Regnitzübergang hin. Im Anwesen Pfarrstraße 14, das sich bis zur Lazarettstraße erstreckt und einen idyllischen Innenhof besitzt, wurde schon Ende des 17. Jahrhunderts Bier hergestellt. Der damalige Besitzer Hans Höfler war nach dem Malzverbrauch der zweitgrößte Brauer der Altstadt. Er produzierte von 1696 bis 1698 zwischen 300 und 450 Hektoliter Bier jährlich und wurde nur noch von Johann Memminger übertroffen; dieser allerdings stellte mehr als die dreifache Menge her. Im Laufe des 18. Jahrhunderts gab es zahlreiche Besitzerwechsel. Es tauchen die Namen von Stauff, Lehmayer, Zwanziger und Kießling auf. Im Jahr 1812 schließlich kaufte Martin Christian Stahl den Betrieb. Der sollte nun fast 100 Jahre im Familienbesitz bleiben. In den 1840er und 1850er-Jahren behauptete sich die Brauerei auf Platz acht, später zehn, unter den 17 Sudstätten. 1858 folgte Stahls Sohn Christian Leonhard als Eigentümer. Er sicherte sich 1873 durch Kauf auch die Nachbarhäuser Pfarrstraße Nr. 10 und 12 mit ihren Nebengebäuden, so dass er durchaus die Möglichkeiten zum Ausbau der Brauerei gehabt hätte. Allerdings beteiligte er sich nicht am außerbayerischen Export und fiel im Vergleich zu den Konkurrenten immer mehr zurück. Im Jahr 1880 lag die Brauerei nur noch auf Rang 13 von 17, wobei 4.400 Hektoliter Bier gebraut wurden. Die Gründe, warum Christian Leonhard Stahl doch nicht weiter expandiert hat, kennen wir leider nicht. Vielleicht waren es gesundheitliche Gründe, denn 1881 starb er. Seine Witwe Elise führte die Geschäfte weiter und übergab die Brauerei 1887 an ihren Sohn Hermann Stahl. Im Jahr 1910 schloss dieser die Brauerei der benachbarten Ersten Erlanger Aktienbrauerei, vormals Carl Niklas, an. Für diese war das nahe gelegene Gelände eine Option für zukünftige Erweiterungen. Zumindest die Keller der Stahlschen Sudstätte wurden von Niklas auch genutzt. Noch heute ist unterirdisch ein inzwischen wieder geschlossener Durchgang zu erkennen, der den Nordabschnitt der Mittleren Schulstraße unterquerte und die riesigen Kellergewölbe der Niklasbräu mit den Stahlschen Kellern verband. Das Sudhaus, das sich an der Nordseite zur Lazarettstraße hin befand, wurde 1912/13 zum Wohnhaus umgebaut. Als die Erste Erlanger Aktienbrauerei 1919 ihren Betrieb einstellte und an die Henninger-Reif-Bräu verkaufte, wurde der ehemals Stahlsche Komplex Pfarrstraße Nr. 10, 12 und 14 gesondert veräußert.

Die Informationen wurden teilweise dem Buch „...ein Erlanger, bitte!“ von Jochen Buchelt, Hans-Diether Dörfler und Martin Schieber (Verlag Jungo & Sohn, 2000) entnommen

(1900) Kinder begleiten mit Freude den Studenten-Festzug durch die Hauptstraße.

(um 1900) Die Erlanger Altstadt mit Hauptstraße. Eine Studentenausfahrt vom Holzmarkt (Martin-Luther-Platz) über die Bayreuther Straße in Richtung Burgberg.

(1900) Altstädter Holzmarkt. Gaststätte Niklasbräu. Ehemals Familie Memminger, die hier Bier braute, Branntwein herstellte und die Gasthäuser „Goldene Krone“ und „Rotes Roß“ betrieb. Ab 1866 erwarb Karl Philipp Niklas die Brauerei. 1919 Einstellung der Bierproduktion, danach Henninger Reifbräu, später „Wiener Wald“ und ab 1992 Diskothek „Papa Joe's“, heute Restaurant „Glüxrausch“. Hauptstraße 103 (erbaut 1706).

(1904) Postkarte vom Altstädter Kirchenplatz. (Text auf der Karte ist falsch!) Es ist der Altstädter Holzmarkt, heute Martin-Luther-Platz und Hauptstraße. Der Kirchenplatz bzw. Altstädter Kirchenplatz beginnt links an der Kirche entlang.

(um 1905) Altstädter- oder Dreifaltigkeitskirche, Hauptstraße und rechts der Altstädter Holzmarkt.

(1905) Niklasbräu und das Kriegerdenkmal. Der Altstädter Kirchenplatz geht rechts rein, Altstädter Holzmarkt befindet sich links, heute heißt er Martin-Luther-Platz, und in der Mitte verläuft die Hauptstraße.

(1906) Niklasbräu und das Kriegerdenkmal. Der Altstädter Kirchenplatz beginnt an der Altstädter Kirche (nicht im Bild) und der Altstädter Holzmarkt ist auf der linken Seite. Auch hier wurde der Altstädter Holzmarkt mit dem Altstädter Kirchenplatz verwechselt.

(1906) Niklasbräu und das Kriegerdenkmal auf dem heutigen Martin-Luther-Platz, ehemals Altstädter Holzmarkt, dem zentralen Platz der Altstadt. Im 19. Jahrhundert lag hier der Mittelpunkt der Bierproduktion.

(1906) Altstädter Holzmarkt rechts, Links das Gasthaus „Silberner Panzer“, heute das „Gasthaus zum Pleite Geier“. Rechts: Niklasbräu, heute ist hier die Diskothek „Papa Joe's“.

(1907) Damals konnten Fußgänger noch mitten auf der Straße gehen. Heute wäre das lebensgefährlich. Die Erlanger Hauptstr. in der Altstadt ist eine der meistbefahrenen innerstädtischen Straßen. Am linken Bildrand erkennt man noch die bis 1919 bestehende Brauerei Niklas, Hauptstraße 103–107/Ecke Pfarrstraße und Altstädter Holzmarkt, heute Martin-Luther-Platz. Das Anwesen beherbergte ab 1706 das „Kronen-Bierhaus“, später das Gasthaus „Rotes Ross“, die Restauration Niklas Bräu, dann „Wiener Wald“ und ab 1992 die Diskothek „Papa Joe's“. Hauptstraße 103, rechts im Bild Gasthaus „Silberne Panzer“, heute Gasthaus „Pleite Geier“. Hauptstraße 100.

(1910) Altstädter Holzmarkt. Der Eckbau im Bild links in der Hauptstraße 103, (erbaut 1706), ist die Brauerei und der Gasthof Niklasbräu. Heute findet man dort das Restaurant „Glüxrausch", vormals „Papa Joe's". Vom Niklasbräu in der Hauptstraße gegenüber ist der Gasthof „Silberner Panzer", Hauptstraße 100 (erbaut 1706), ab 1983 Gasthaus „Zum Pleite-Geier". Das Bürgerhaus rechts neben dem Stadtmuseum aus dem Jahr 1716 war einst die Brauerei Ott. Bis 2022 Restaurant „Lennox".

(2020) „Zum Pleite-Geier". Ehemaliges Gasthaus „Silberner Panzer". 1706 wurde es durch den Altstadtbrand zerstört und wieder aufgebaut. Hauptstraße 100. Rechts die Neue Straße im 18. Jahrhundert kurzzeitig auch Panzer Gaß genannt (erbaut 1706). Foto: Gernot Amelang

(1919) Gasthaus Johann Porisch. Altstädter Holzmarkt 3 (erbaut 1707).

(2020) Ehemals Gasthaus Johann Porisch. Martin-Luther-Platz 3. Foto: Gernot Amelang

(2000) „Papa Joe's", ehemals Niklasbräu. Heute ist hier das Restaurant „Glüxrausch". Hauptstraße 103/Ecke Pfarrstraße und Martin-Luther-Platz (erbaut 1706).

(2018) „Papa Joe's", jetzt Restaurant „Glüxrausch". Hauptstraße 103/Ecke Pfarrstraße und Martin-Luther-Platz (erbaut 1706).

(1906 und 1907) Kriegerdenkmal. Altstädter Holzmarkt, heute Martin-Luther-Platz.

Das Kriegerdenkmal von 1890 erinnert an die 16 im Deutsch-Französischen Krieg 1870/71 gefallenen Erlanger Soldaten und wird von einem bayerischen Löwen gekrönt, der mit seiner linken Pranke das Erlanger Stadtwappen hält. Das auf Initiative des „Kampfgenossenvereins" errichtete Denkmal war in der Kaiserzeit Versammlungsort für nationalistische Gedenkfeiern und Kundgebungen. Das 1890 errichtete Denkmal war am 01. August 1914 Mittelpunkt einer patriotischen Kundgebung, mit der die Erlanger auf den Krieg eingeschworen werden sollten. 1952 wurde es als Verkehrshindernis abgerissen. War das der wahre Grund? Ich bin überzeugt, dass die Erlanger Behörden nach dem Zweiten Weltkrieg keine Siegesdenkmäler in der Stadt haben wollten. Der Löwe stand lange Zeit in der Altstadtmarkt-Passage in Erlangen, bis er 2003 an der Stelle des früheren Denkmals wieder aufgestellt wurde.

(01.09.1907) Sedanfeier am Kriegerdenkmal auf dem Altstädter Holzmarkt, ab1928 Martin-Luther-Platz.
Das Haus in der Mitte war in den 1930er-Jahren die Gaststätte „Zum Kriegerdenkmal". Martin-Luther-Platz. 4.
Foto: Leonhard Bergmann

(01. September 1907) Sedanfeier am Kriegerdenkmal auf dem Altstädter Holzmarkt, heute Martin-Luther-Platz. Der Sedantag war ein Gedenktag, der im Deutschen Kaiserreich (1871–1918) jährlich um den 02. September begangen wurde. Er erinnerte an die Kapitulation der französischen Armee am 02. September 1870 nach der Schlacht bei Sedan, in der preußische, bayerische, württembergische und sächsische Truppen nahe der französischen Stadt Sedan den entscheidenden Sieg im Deutsch-Französischen Krieg errangen und den französischen Kaiser Napoleon III. gefangen nahmen. Aus diesem Anlass wurden ab 1871 im ganzen Deutschen Kaiserreich an zentralen Orten Siegesdenkmäler errichtet und meist am Vorabend des Sedantages mit feier-lichen Zeremonien eingeweiht.

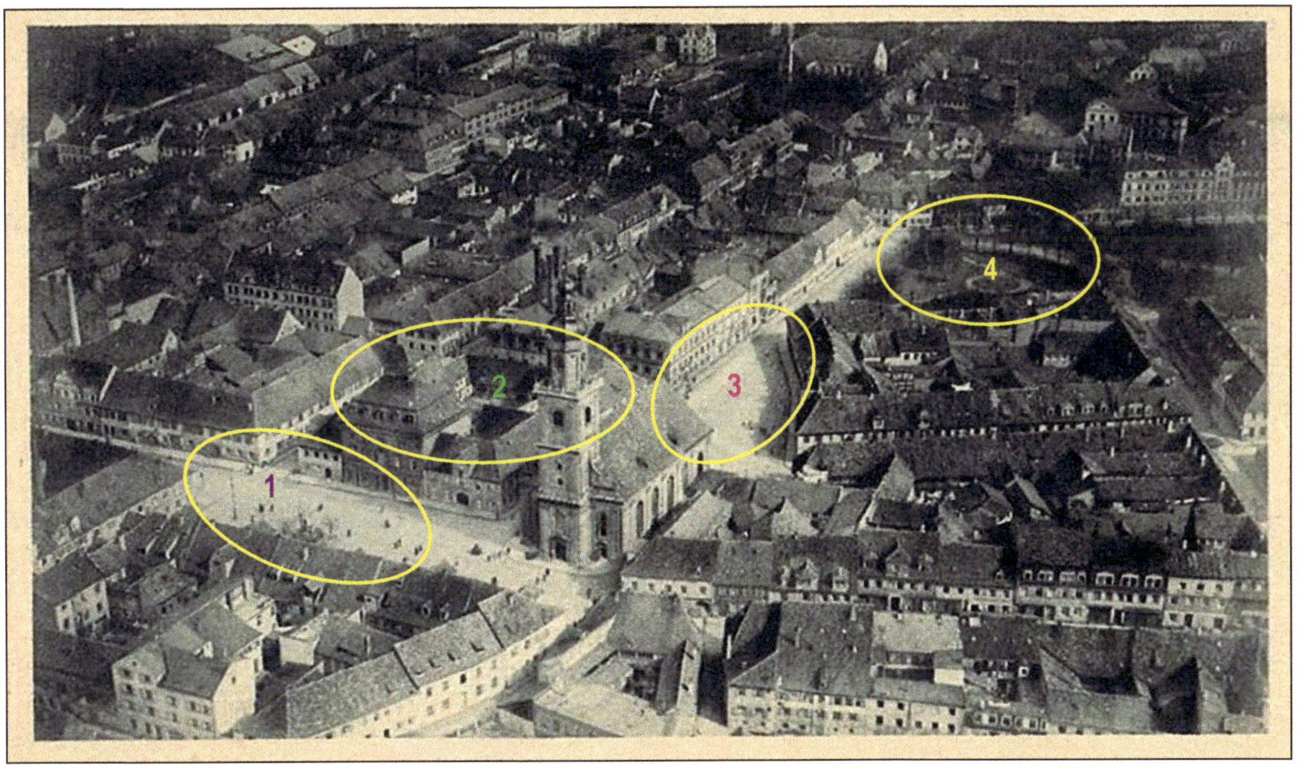

(um 1910) 1. Altstädter Holzmarkt, 2. Rathaus und Altstädter Kirche, 3. Altstädter Kirchenplatz, 4. Theaterplatz.

(um 1910) Kriegerdenkmal auf dem Altstädter Holzmarkt. Hauptstraße 101 mit Postzweigstelle III.

(1907) Sedanfeier. Altstädter Holzmarkt und Hauptstraße.

Am 16. und 17. Juli 1910 trafen sich über 400 ehemalige 6er Jäger, darunter etwa 250 Teilnehmer des Krieges 1870/71, zu einer Wiedersehensfeier in ihrer festlich geschmückten alten Garnisonsstadt.

(1910) Altstädter Holzmarkt und Hauptstraße.

(1910) Am Sonntag, dem 17. Juli 1910, gegen 16:00 Uhr zogen die Frauen und Mädchen und Teilnehmer des Krieges 1870/71 in langer Reihe vom Prater Garten an der Nürnberger Straße über die Hauptstraße und den Altstädter Holzmarkt zum Kellergelände, um dort mit den Bürgern ein Fest zu feiern.

(1910) Altstädter Holzmarkt, heute Martin-Luther-Platz und Hauptstraße. Dieses und das obere Foto sind fast zeitgleich aufgenommen.

(um 1914) Hauptstraße mit Blick auf den Burgberg. Am Altstädter Holzmarkt konzentrierten sich auf der Westseite drei Betriebe, im Norden die Brauerei Niklasbräu und im Osten die Brauerei Ott.

(1914) Blick von der Hauptstraße in Richtung Burgberg.

(29.09.1952) Der Abbruch des Kriegerdenkmals. Der bayerische Löwe wurde 2003 bei der Umgestaltung des Martin-Luther-Platzes an der Stelle, an der früher das Kriegerdenkmal stand, wieder aufgestellt. Im Hintergrund die Restauration Niklasbräu. Foto: Rudi Strümpel

(2020) Löwendenkmal auf dem Martin-Luther-Platz. Foto: Gernot Amelang

(1909) Altstädter Rathaus mit Kriegerdenkmal, Altstädter Holzmarkt.

Altstädter Rathaus

In spätmittelalterlicher Zeit befand sich das Altstädter Rathaus in der Nordwestecke des heutigen Martin-Luther-Platzes und beherbergte im Untergeschoss auch die Stadtwaage sowie die Brot- und Fleischbänke. Es wurde im Dreißigjährigen Krieg zerstört, 1680 an alter Stelle wieder errichtet, jedoch nur kurze Zeit später beim großen Altstadtbrand am 14. August 1706 erneut vernichtet. Im Zuge des Wiederaufbaus der Altstadt, bei dem auch der Verlauf der Fronten des Altstädter Holzmarktes wesentlich korrigiert wurde, erfolgte die Verlegung des Altstädter Rathauses an die Ostseite des Platzes, wo in den Jahren 1733/34 bis 1740 der heute noch bestehende Neubau entstand. Die Pläne fertigte wahrscheinlich der Landbaumeister Johann Georg Weiß an. Dieser wurde laut August Gebessler hierbei voraussichtlich von der Architektur des Bayreuther Hofbauinspektors Johann David Räntz und insbesondere von dessen Ordensschloss St. Georgen beeinflusst. Am Bau des Altstädter Rathauses waren die Mauermeister Georg Pickel und Johann Wilhelm Stängel sowie die Zimmermeister Georg Haselmann und Heinrich Thaler beteiligt. Die Bauplastik stammt von den Bildhauern Johann Friedrich Maucher und Peter Franz Tieffenbach aus Wilhermsdorf.

Am 11. April 1784 wurde im Altstädter Rathaus der erste katholische Gottesdienst seit der Einführung der Reformation in Erlangen gefeiert, nachdem Markgraf Alexander den Erlanger Katholiken die freie Religionsausübung gewährt hatte. Bis zur Fertigstellung eines eigenen Gotteshauses (der heutigen Herz-Jesu-Kirche) im Jahr 1790 dienten die Ratszimmer im Obergeschoss als Betsaal. Darüber hinaus wurde das Gebäude von 1749 bis 1755 auch für die Aufführung von Theatervorstellungen durch Wandertruppen genutzt. Bis zur Vereinigung von Alt- und Neustadt Erlangen im Jahr 1812 diente das Altstädter Rathaus seinem ursprünglichen Zweck. Danach beherbergte es eine Reihe von städtischen und staatlichen Dienststellen. Von 1811 bis 1827 bestand hier ein staatliches Hallamt, das die Aufgabe hatte, in die Stadt eingeführte Waren zu wiegen und Mautgebühren zu erheben. Die geräumigen Kellergewölbe sowie Remisen im Innenhof dienten hierbei zur Aufbewahrung der ankommenden Waren. Außerdem befand sich von 1837 bis 1919 das städtische Leihhaus im Altstädter Rathaus, das gegen Hinterlegung von Wertgegenständen Darlehen an in Not geratene Bürger vergab. Zeitweise war in den Räumlichkeiten auch das Erlanger Landgericht. Nach dem Ersten Weltkrieg wurde das Altstädter Rathaus umgebaut, bevor 1921 darin das erste städtische Bildungs- und Kulturzentrum eingerichtet wurde. Im mittlerweile als Volkshaus bezeichneten ehemaligen Rathaus veranstaltete der Volksbildungsbund allgemein- u. berufsbildende Veranstaltungen. Daneben waren im Gebäude auch die städtische Volksbücherei sowie ab 1923 das Stadtarchiv und Teile des Heimatmuseums untergebracht. Zur Zeit des Zweiten Weltkriegs befand sich im Keller des Hauses die örtliche Luftschutzbefehlsstelle. Am 16. April 1945 wurde das Kellergewölbe zum Ort der Entscheidung des Kampfkommandanten Werner Lorleberg zur bedingungslosen Kapitulation, die Erlangen vor der gänzlichen Zerstörung durch US-Bombenflugzeuge und US-Artillerie bewahrt hat. Nach Kriegsende beherbergte das Altstädter Rathaus von 1946/1947 die Spruchkammer, die für die Entnazifizierung im Stadtkreis Erlangen zuständig war. Außerdem war kurze Zeit ein Büro der Firma Siemens untergebracht. Seit 1964 wird das Anwesen vom Stadtmuseum Erlangen genutzt. Der Museumskomplex schließt auch einige der Nachbargebäude mit ein und präsentiert auf etwa 1000 Quadratmeter Ausstellungsfläche eine Dauerausstellung zur Stadtgeschichte sowie wechselnde Sonderausstellungen. Eine Renovierung des Altstädter Rathauses erfolgte 1988.

(1921) In der Mitte das Rathaus. Altstädter Holzmarkt, heute Martin-Luther-Platz 9. Links die Bäckerei von Michael Derrer, Haus Nr. 8.

Quellen und Literatur Christoph Friederich, Bertold Freiherr von Haller und Andreas Jakob (Hrsg.): Erlanger Stadtlexikon. W. Tümmels Verlag.

(1920) Altstädter Rathaus. Von 1837–1919 war hier das städtische Leihhaus im Altstädter Rathaus untergebracht. Rechts: Brauerei Ott (vor 1706–1918). Altstädter Holzmarkt. Ab 1928 Martin-Luther-Platz 9 (erbaut 1731–1736).

1928 feierte Erlangen 400 Jahre Einführung der Reformation in Deutschland. Aus diesem Anlass wurde der Altstädter Holzmarkt nach dem Reformator Dr. Martin Luther (1483–1546) umbenannt. Im 18. Jhd. hieß der Platz Altstädter Marktplatz bzw. Altstädter Rathausplatz.

(1928) Martin-Luther-Platz mit Kriegerdenkmal und ehemaligem Rathaus.

(1930) Martin-Luther-Platz 9. Ehemaliger Altstädter Holzmarkt.

(um 1930) Ehemaliges Altstädter Rathaus am Martin-Luther-Platz 9.

(1938) Ehemaliges Altstädter Rathaus mit Kriegerdenkmal. Martin-Luther-Platz 9 (erbaut 1733–1740).

(1937) Ehemaliges Altstädter Rathaus mit Kriegerdenkmal. Martin-Luther-Platz 9.

(1937) So wurden damals Waren transportiert. Im Vordergrund sieht man zwei Leiterwagen. Altstädter Kirche und links das Altstädter Rathaus. Martin-Luther-Platz und Adolf-Hitler-Str.

(1935) Autovermietung Georg Porisch. Martin-Luther-Platz 6 (erbaut 1707).

(1938) Adolf-Hitler-Straße mit Blick zum Martin-Luther-Platz. Rechts: Straßenverkauf der „Deutschen Reichslotterie" (die Reichslotterie der NSDAP für Arbeitsbeschaffung).

(1940) Adolf-Hitler-Straße (Hauptstraße) mit Blick zum Martin-Luther-Platz. Das Straßenschild ist rechts oben am Bildrand zu erkennen. Bildmitte das Altstädter Rathaus und rechts die Altstädter Kirche.

Altstädter- oder Dreifaltigkeitskirche

Im Jahr 1288 stand an dieser Stelle der heutigen Dreifaltigkeitskirche eine Marienkapelle. Diese gehörte zum Martinsstift Forchheim und somit zum Bistum Bamberg. Sie befand sich im Mittelpunkt des damaligen Friedhofs, was heute der Altstädter Kirchenplatz ist. 1528 Einführung der Reformation durch den Landesherrn und der erste lutherische Pfarrer nahm seine Arbeit in diesem Gotteshaus auf. Im Dreißigjährigen Krieg 1632 wurde das Kirchengebäude niedergebrannt. 23 Jahre später erfolgte ein barocker Neubau, der bereits der Heiligen Dreifaltigkeit geweiht war. Die neue Kirche fiel im großen Altstadtbrand 1706 den Flammen zum Opfer. Der heutige Barockbau wurde zwischen 1709 und 1721 nach den Plänen des Bamberger Baumeisters Wenzel Perner errichtet. 1726 wurde das Kirchenhaus durch einen Fassadenturm erweitert. Im Inneren kann man die Stuckdecke von Johann Georg Kannhäuser, den Kanzelaltar von Johann David Räntz und Johann Philipp Göbel und einen Taufstein von Elias Räntz bewundern. Außerdem gibt es ein Orgelgehäuse aus der Zeit um 1720 und Holzfiguren aus der Zeit um 1500.

(um 1730) Historische Zeichnung der Erlanger Altstadt.

(1921) Altstädter- oder Dreifaltigkeitskirche und Kriegerdenkmal. Altstädter Holzmarkt.

(1941) Altstädter- oder Dreifaltigkeitskirche und Kriegerdenkmal. Martin-Luther-Platz.

(1941–44) Luftaufnahme: Adolf-Hitler-Straße (Hauptstraße), Martin-Luther-Platz und rechts die Altstädter Kirche.

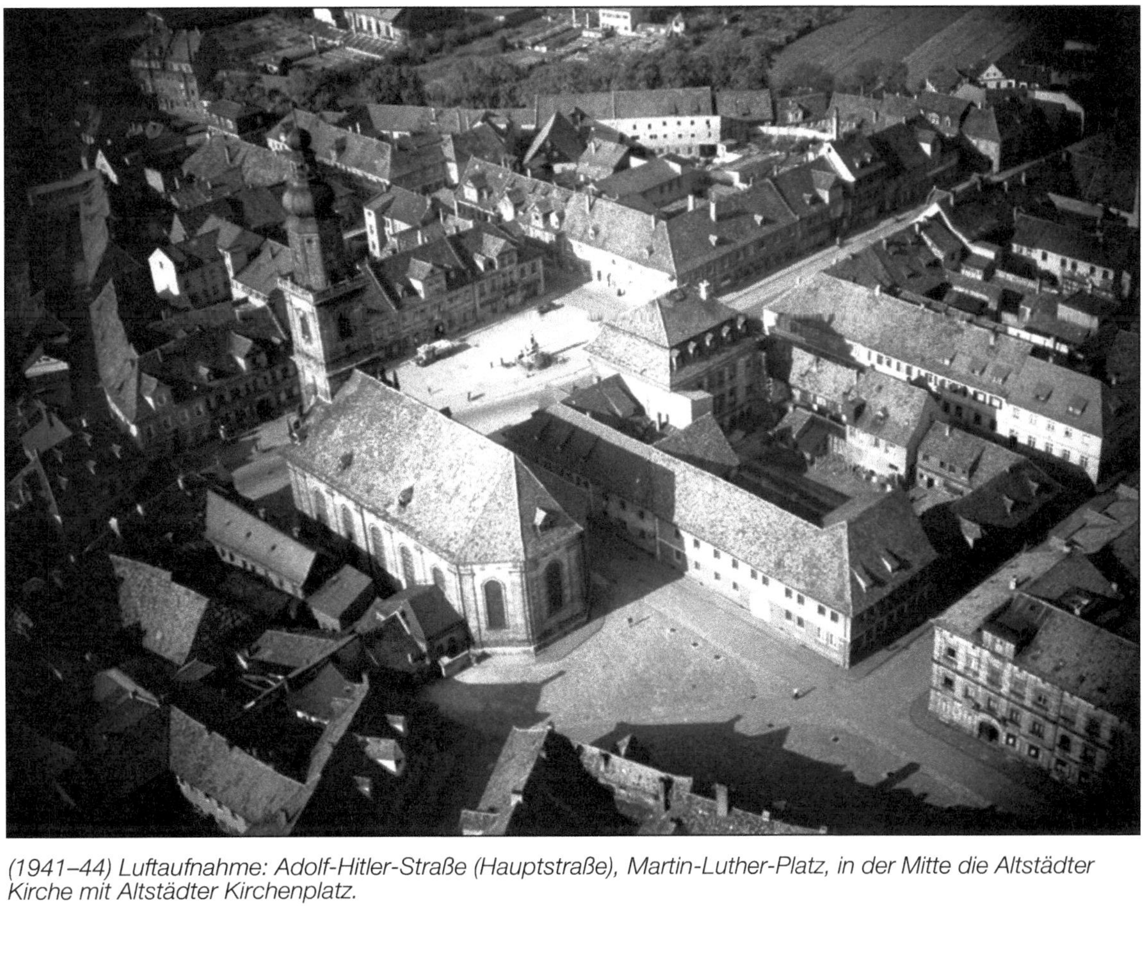

(1941–44) Luftaufnahme: Adolf-Hitler-Straße (Hauptstraße), Martin-Luther-Platz, in der Mitte die Altstädter Kirche mit Altstädter Kirchenplatz.

(um 1960) Martin-Luther-Platz mit Altstädter Kirche.

(1951) Die Altstädter Kirche erhält ein neues Geläut mit drei Glocken. Martin-Luther-Platz 1.

Am Sonntag, 13.08.2006, enthüllte der Heimat- und Geschichtsverein Erlangen die Bronzetafel im Rahmen einer Feierstunde vor der Dreifaltigkeitskirche in der Altstadt. Foto: Gernot Amelang

(2020) Altstädter- oder Dreifaltigkeitskirche. Martin-Luther-Platz 1. Foto: Gernot Amelang

(2013) Altstädter- oder Dreifaltigkeitskirche. Martin-Luther-Platz 1. Rechts der Altstädter Kirchenplatz.

(2020) Blick von der Hauptstr. auf den Martin-Luther-Platz. Links die Gaststätte „Pleite Geier“, ehem. Gasthaus „Silberner Panzer“. Hauptstraße 100. Rechts folgt die Pfarrstraße, links die Neue Str. Der 1. Abschnitt der Neuen Str. zwischen Martin-Luther-Platz und Cedernstraße hieß im 18. Jahrhundert kurzzeitig auch Panzer Gaß. Die Häuser auf der linken Seite sind Nr. 8 ein Bürgerhaus von 1720, Nr. 9 das Stadtmuseum (altes Rathaus) und Nr. 10 das Restaurant „Lennox“ sowie die Altstädter oder Dreifaltigkeitskirche. Martin-Luther-Platz 1.
Foto: Gernot Amelang

Diese Bodenplatte ist vor dem Haus Hauptstraße 100 zu sehen.
Foto: Gernot Amelang

(2020) Stadtmuseum links, dann folgt ein Bürgerhaus und die Altstädter- oder Dreifaltigkeitskirche.
Martin-Luther-Platz 9, 10 und 1
Foto: Gernot Amelang

(2020) Martin-Luther-Platz/ Ecke Neue Straße.
(v. l. n. r.: Nr. 8, 9, 10 und 1).
Foto: Gernot Amelang

(1946) Altstädter Rathaus. Martin-Luther-Platz 9.

(1946) Altes Rathaus. Hier befanden sich zwischen 1946 und 1947 die Spruchkammer. Die Spruchkammern sollten die politische Gesinnung von Deutschen prüfen (Entnazifizierung). Im Vordergrund zwei amerikanische Soldaten.
Martin-Luther-Platz 9.

Das Altstädter Rathaus wird zum Stadtmuseum Erlangen

Das Stadtmuseum Erlangen ist ein Ausstellungshaus, das sich mit der Stadtgeschichte sowie mit Sonderausstellungen aus wechselnden Themen befasst. Seit 1964 ist es im denkmalgeschützten Altstädter Rathaus, einem Barockbau von 1733/40, untergebracht. Die Anfänge des Stadtmuseums gehen auf den 1865 gegründeten Verein „Germanisches Museum" zurück. Dieser hatte sich die Sammlung von „Altertümern", insbesondere aus dem Bereich des traditionellen Handwerks zum Ziel gesetzt. Ein weiterer wichtiger Impuls war die Gründung des Stadtarchivs im Jahr 1885 durch Bürgermeister Schuh. Es diente als „Sammelstelle für altertümliche und geschichtliche Gegenstände". 1910 zeigt das Prinzregenten Schulhaus eine Ausstellung zur 100-jährige Zugehörigkeit Erlangens zu Bayern. Beeindruckt davon organisierte der Erlanger Verkehrsverein die Sammlungsarbeit für ein Heimatmuseum, dass 1919 im Wasserturm (zuvor Karzer der Universität) in der Apfelstraße 12 unweit des Schlossgartens eröffnet wurde. 1923 kam ein Ausstellungsraum im Altstädter Rathaus, dem damaligen „Volkshaus", hinzu. 1959 wurde im Hof des Altstädter Rathauses ein eigenes Archivgebäude errichtet. 1989 bis 1993 ist der historische Barockbau grundlegend saniert und um ein benachbartes Bürgerhaus aus dem 18. Jahrhundert erweitert worden.

Aufnahmen sind von (1890–1920).
Altstädter Rathaus, heute Stadtmuseum, Orangerie im Schlossgarten, Barock Haus, heute Rokoko-Haus, Großsches Haus, ehem. Adelspalais der Groß von Trockau, Bayernhaus von 1903–1932 (Corpshaus der Bavaria), später Schuhhaus Mengin.

Links die Neue Straße, in der Mitte die Hauptstraße und im Vordergrund die Pfarrstraße.

(2020) Bildmitte: Das Stadtmuseum im ehemaligen Altstädter Rathaus. Martin-Luther-Platz 9 (erbaut 1731–36). Rechts das Restaurant „Lennox" Nr. 10 (erbaut 1716). Foto: Gernot Amelang

(2020) Das Stadtmuseum. Martin-Luther-Platz 9, rechts das Restaurant „Lennox" Nr. 10. Foto: Gernot Amelang

(2022) Der Innenhof des Stadtmuseums Erlangen. Martin-Luther-Platz 9. Links: Altstädter Kirche. Foto: Gernot Amelang

(2015) Das Stadtmuseum. Martin-Luther-Platz 9. Foto: Gernot Amelang

(1804) „Der Strumpfstricker und Strumpf-wirker".

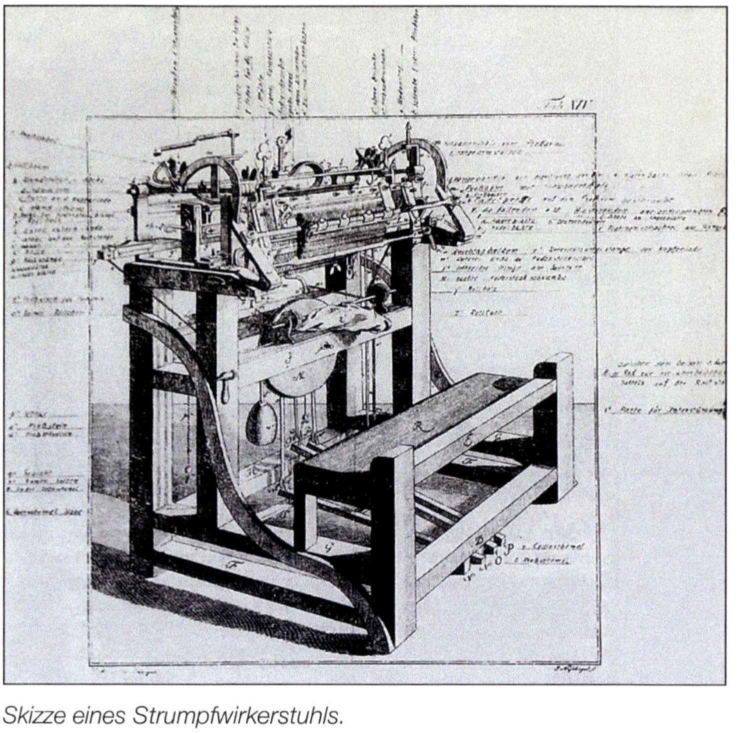

Skizze eines Strumpfwirkerstuhls.

Der „Rösschenstuhl" auch Strumpfwirkerstuhl. Seine Einführung in Franken durch die Hugenotten 1686 war ein gewaltiger Vorsprung gegenüber der Herstellung durch Stricken der Strümpfe per Hand. Diese Stühle waren so etwas wie eine Strickmaschine. Die Hugenotten waren reformierte Glaubensflüchtlinge aus Frankreich unter Ludwig XIV., die sich auf Geheiß des Markgrafen Christian Ernst an der Regnitz ansiedelten. Es war ein „cleverer Schachzug" des Markgrafen Christian. Durch die Ansiedlung der Flüchtlinge mit ihrer mitgebrachten „Erfindung" wurde die Wirtschaft gestärkt und die leeren Kassen des Markgrafen gefüllt. Man muss erwähnen, dass es William Lee ein Pfarrer aus England war, der die Erfindung 1589 machte und sie erst 1606 nach Frankreich kam. Die Hugenotten brachten auch nicht die Stühle mit nach Erlangen, sondern die Baupläne zur Errichtung solcher Stühle. Es war unter Androhung von Strafe verboten, diese Stühle aus Frankreich auszuführen. Später kamen noch die Hutfabrikation als zweitwichtigstes hugenottisches Gewerbe der Neustadt, die Handschuhmacher und Weißgerber dazu, die edle Lederqualitäten für Handschuhe, Buchdeckel und Etuis herstellten.

(2015) Das Stadtmuseum, Strumpfwirkerstühle von 1716. Erlanger Neustadt. Martin-Luther-Platz 9. Fotos: Gernot Amelang

(2015) Arbeitsstube eines Strumpfwirkers um 1716, Stadtmuseum Erlangen. Martin-Luther-Platz 9. Foto: Gernot Amelang

(1938) Belegschaft der Handschuhwerkstatt Knauer. Wöhrstraße 17.

(1932) Handschuhmacherei Wießner. Luitpoldstraße 2.

(1952) Handschuhfabrik Mengin. Goethestraße 44.

(1986) Der letzte Erlanger Handschuhmacherbetrieb der Gebrüder Knauer.

(1986) Der letzte Erlanger Handschuhmacherbetrieb der Gebrüder Knauer. Die Fabrikation wurde wenige Jahre später eingestellt.

(2015) Lederstanze, Stadtmuseum Erlangen. Martin-Luther-Platz 9. Foto: Gernot Amelang

(2017) Stadtmuseum Erlangen, Werkstatt eines Handschuhmachers. Martin-Luther-Platz 9. Foto: Gernot Amelang

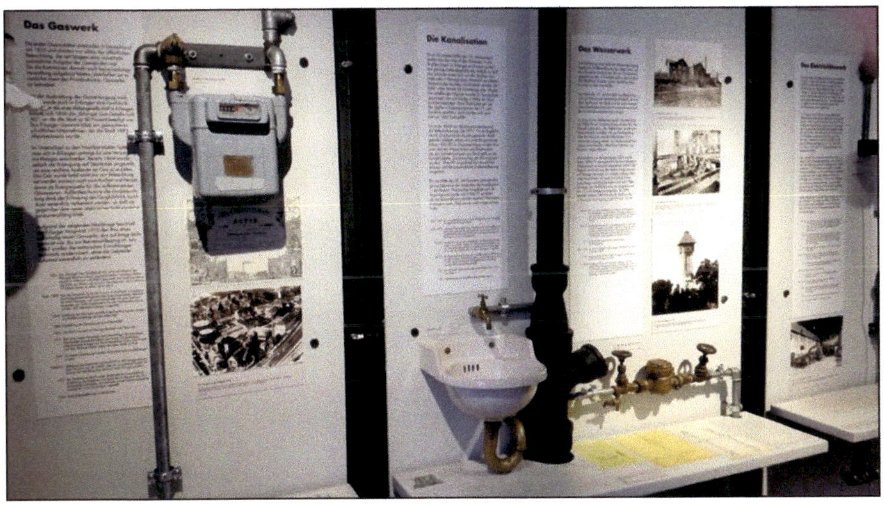

(2017) Stadtmuseum Erlangen, verschiedene Gewerke. Gas, Wasser, Abwasser, Elektrizität. Martin-Luther-Platz 9. Foto: Gernot Amelang

(2017) Stadtmuseum Erlangen, verschiedene Gewerke. Martin-Luther-Platz 9. Foto: Gernot Amelang

(2017) Fertigung um 1914. Bay. Pickelhaube für einen Offizier des Feldartillerie-Regiments. Martin-Luther-Platz 9. Foto: Gernot Amelang

(2023) Stadtmuseum. „Mit der vollen Schärfe des Gesetzes – das Erlanger Richtschwert". Das überlieferte Richtschwert wurde im Jahr 1924 aus dem Besitz der Familie Gassenmeyer vom Stadtmuseum erworben. Die Fam. Gassenmeyer übte in Erlangen den Beruf des Henkers und Abdeckers aus. Johann Michael Gassenmeyer wird in den historischen Dokumenten als Meister dieser Zunft bezeichnet. In seinem Meisterbrief ist vermerkt, dass er im Jahr 1773 in Wilhermsdorf einen Mörder hinrichtete. Das Richtschwert ist 1,05 Meter lang, weist keine Spitze wie ein Kriegsschwert auf und ist beidhändig zu führen. Die Inschrift auf der Vorderseite bekundet: „Dieses Schwert ist gewetzt und ist darzu gesetzt von gott und obrigkeit zu straffen böse Leuth. Darumb thut beyzeitten Bus und fallet Gott zu Fus Ehe ihr mit diesem Schwerdt dahin gerichtet wird",(alte Schreibweise). Damit ist die Tätigkeit des Scharfrichters durch Obrigkeit und Gott gerechtfertigt.

(2023) Erlanger Richtschwert der Familie Gassenmeyer. Fotos: Gernot Amelang

Das Hochgericht

Erlangen besaß ein Hochgericht vermutlich erst seit dem 16. Jahrhundert. Den frühesten Nachweis enthält die Nürnberger Wald- und Fraißkarte von 1563, die das „Halsgericht" wie üblich durch Galgen und Rad symbolisiert. Mit der vom Kaiser verliehenen Hochgerichtsbarkeit war das Recht verbunden, über schwere Verbrechen wie Mord, Brandstiftung, schweren Diebstahl u. Notzucht zu urteilen. Die Richtstätte befand sich 1686 südlich der Altstadt im Bereich des heutigen Hugenottenplatzes. Nach der Gründung der Neustadt wurde sie in die Nähe des Röthelheimgrabens verlegt. Neben der ehrlichen Schwertstrafe und dem schimpflichen Hängen gehörte auch das Rädern und Ertränken zu den Todesstrafen.

Zwischen 1699 und 1834 sind in Erlangen insgesamt zwölf Hinrichtungen belegt, die alle von auswärtigen Scharfrichtern vollstreckt wurden.

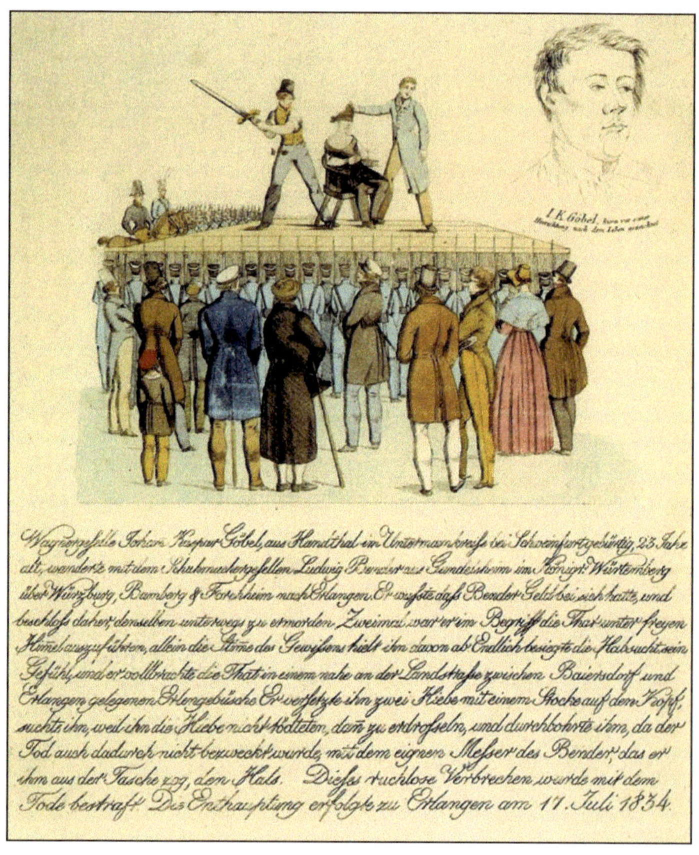

(17.07.1834) Enthauptung des Raubmörders Johann Kaspar Göbel.

Brauerei Hübner - 1841 bis 1923

In der Hauptstraße 110 existierte bereits vor dem Altstadtbrand 1706 die äußerst angesehene Gastwirtschaft „Goldener Schwan“. Der damalige Wirt und Bürgermeister Johann Conrad Reck errichtete diese ein Jahr später wieder neu. Erst Johann Adam Ebersberger gliederte der Gastwirtschaft, die er unter dem Namen „Goldener Löwe“ führte, zwischen 1841 und 1847 eine kleine Hausbrauerei an. Die Brauerei, in der zunächst nur für den Hausgebrauch produziert wurde, übernahmen im Anschluss der Bierbrauer Johann Bußbacher und nach dessen Tod seine Witwe Friederike. Anfang der 1870er-Jahre erwarb der vorherige Braumeister Conrad Hübner das Anwesen, schloss die Gastwirtschaft und modernisierte die Brauerei, indem er beispielsweise den Felsenkeller am Burgberg erweiterte. Das in der Folgezeit sehr beliebte Hübner-Bier wurde nur in Erlangen und Umgebung ausgeschenkt. Unter Hans und Heinrich Hübner, den Söhnen von Conrad Hübner, geriet die Brauerei nach dem Ersten Weltkrieg in wirtschaftliche Schwierigkeiten und das Bierkontingent musste an das Brauhaus Nürnberg 1923 verkauft werden. Allerdings wurde der Betrieb in dem Gebäude aufrechterhalten. Zusammen mit Karl Steinbach leitete Hans Hübner das Erlanger Bierdepot für das Brauhaus Nürnberg. Heinrich Hübner führte die Mälzerei weiter. Erst Ende der 1950er-Jahre wurde das Bierdepot des Brauhauses Nürnberg aufgegeben. Ein Büro blieb bis nach 1970 bestehen, wovon bis März 2006 der Fassadenschriftzug „Brau-AG Nürnberg“ kündete. Die von Heinrich Hübner weitergeführte Mälzerei wurde in eine mit modernen Anlagen ausgestattete Malzfabrik umgebaut, da das Nürnberger Brauhaus für 25 Jahre die Abnahme einer festen Malzmenge garantierte. Die Malzproduktion endete Anfang der 1970er-Jahre. Nachdem der langjährigen Wirtin der Studentenkneipe „Mein lieber Schwan“ der Pachtvertrag nicht verlängert worden war, zogen im März 2006 die neuen Wirtsleute Claudia Stubbe und Walter Lehmann-Stubbe (führten zuvor den „Schwarzen Adler“ in Uttenreuth) in das Traditionsanwesen der ehemaligen Brauerei (bis 1923) und Mälzerei Hübner. Leider bedeutete dieser Wechsel auch den Abschied von den Lieferungen der Tucher Bräu (vormals Brauhaus Nürnberg). Nun gibt es hier die Biere einer familiengeführten Neumarkter Brauerei, die nach ökologischen Grundsätzen arbeitet. Doch deren Firmenideologie des nachhaltigen Wirtschaftens, der Generationenverantwortung und des Regionalbewusstseins ist die eine Seite; deren Methoden der eigenen Selbstdarstellung sind hingegen eher branchenüblich. Der aus den 1960er-Jahren stammende Fassadenschriftzug „Brau-AG Nürnberg“ musste (abgesegnet von Bauaufsicht und Denkmalschutz) einem banalen Kunststoffwerbebanner weichen. Inzwischen sind die Gebäude der Brauerei abgerissen, an ihrer Stelle befinden sich nun Wohngebäude der „GEWOBAU“. Im Vorderhaus befindet sich heute die Eckkneipe „Mein lieber Schwan“.

Die Informationen wurden teilweise dem Buch „...ein Erlanger, bitte!“ von Jochen Buchelt, Hans-Diether Dörfler und Martin Schieber (Verlag Junge & Sohn, 2000) entnommen.

(1904) Brauerei Hübner von 1841–1923. Hauptstraße 110 (erbaut 1707).

Brauhaus Nürnberg, heute
Gasthaus „Mein lieber Schwan".
Hauptstraße 110.

Diese Bodenplatte ist vor dem Haus
Hauptstraße 110 zu sehen.
Foto: Gernot Amelang

(2012) Gasthaus „Mein lieber Schwan". Hauptstraße 110/Ecke
Vierzigmannstraße (erbaut 1707). Foto: Loebe, J. E.

(2020) Gasthaus „Mein lieber Schwan".
Hauptstraße 110/Ecke Vierzigmannstraße.
Foto: Gernot Amelang

(2021) Gasthaus „Mein lieber Schwan". Hauptstraße 110. Elektroroller werden auch in Erlangen das Straßenbild nachhaltig verändern und uns klimafreundlich, schnell und mühelos ans Ziel bringen. Vielleicht auch nach einem Kneipenbesuch (erbaut 1707). Foto: Gernot Amelang

Brauerei Ott - vor 1706 bis 1918

(1921) Ehem. Brauerei Ott. Altstädter Holzmarkt 10 (Martin-Luther-Platz).

Der Gebäudekomplex, der sich vom Martin Luther Platz nördlich der Altstädter Kirche bis zur Cedernstraße erstreckt, beherbergte bereits vor dem Stadtbrand von 1706 mit einem jährlichen Bierausstoß von über 1200 Hektoliter die größte Brauerei Erlangens, die Braustätte des Johann Memminger. Nach dem Wiederaufbau ging sie zunächst in den Besitz Johann Georg Vierzigmanns (1771), danach Benedikt Röthlingshofers (1812) über, ehe Johann Hertlein das Unternehmen von 1828 bis etwa ins Jahr 1860 als Brauerei mit einem im Vergleich zur Erlanger Konkurrenz geringen Bierausstoß führte. Überraschend verkaufte der Besitzer dann jedoch an Johann Josef Ott, um sich der Brauerei in der Engelstraße 15 anzunehmen, die im Anschluss auch unter seinem Namen geführt wurde. Nach dem Tod von Johann Josef Ott leiteten seine Witwe Anna und deren neuer Ehemann Adam Kötzner, sowie ab 1884 seine Kinder Nikolaus und danach Konrad Ott die Geschicke des Unternehmens. Im Jahr 1876, in der Glanzzeit des Erlanger Bierexports, konnte ein Bierausstoß von 8.000 Hektoliter erreicht werden, obwohl man sich stets auf den lokalen Markt beschränkte. Die Konzentration der Erlanger Großbrauereien auf eben diesen Markt nach Einbruch des Exports Ende der 1870er-Jahre führte allerdings zu einem Rückgang auf 5.700 Hektoliter. Durch diverse Baumaßnahmen wurde versucht, mit der allgemeinen Entwicklung Schritt zu halten. So wurde 1876 ein neuer Keller unter dem Altstädter Kirchenplatz angelegt; 1878 wurden in der Dechsendorfer Str. 15 eine Fasslagerhalle und ein Eiskeller errichtet. Zwischen 1893 und 1897 wurde ein Keller ausgebaut, um oberirdisch Raum für die Mälzerei, Kühlräume, Eis- und Gärkeller und ein Kühlschiff zu schaffen. Zuletzt wurde 1917 ein Stadel (Scheune) an der Schulstraße zu Lagerzwecken aufgestockt. Der Tod von Konrad Ott im selben Jahr besiegelte jedoch das Ende der Brauerei. Die Witwe Anna Ott stellte die Bierproduktion ein und verkaufte Immobilien (darunter den Bierkeller am Burgberg östlich des Steinbachkellers) und Braukontingent an die Freiherrlich von Tuchersche Brauerei Nürnberg. In der Inflationszeit des Jahres 1923 bereute sie ihren Entschluss und schied freiwillig aus dem Leben.

Die Informationen wurden teilweise dem Buch „...ein Erlanger, bitte!" von Jochen Buchelt, Hans-Diether Dörfler und Martin Schieber (Verlag Junge & Sohn, 2000) entnommen.

Ehemalige Brauerei Ott. Brauzeitraum: vor 1706–1918, (Wiederaufbau nach Stadtbrand 1716). Hier mietete sich auch mal die Crêperie Luther's ein oder das Restaurant „Toledo". Rechte Seite ab 1989 das Restaurant „Intermezzo". Danach folgte bis 2022 Restaurant „Lennox". Martin-Luther-Platz 10 (erbaut 1716).

(2021) Ehem. Brauerei Ott, rechte Seite des Hauses bis 2022 Restaurant „Lennox" Steak & Seafood am Martin-Luther-Platz 10 (erbaut 1716). Foto: Gernot Amelang

(2021) Martin-Luther-Platz und Hauptstraße. Bildmitte: Stadtmuseum, rechts daneben das Restaurant „Toledo" und das Restaurant „Lennox". Seit 28. Mai 2022 ist der Restaurantbetrieb im „Lennox" eingestellt. Foto: Gernot Amelang

(1939) Gasthaus „Silberner Panzer". Adolf-Hitler-Straße 100/Ecke Neue Straße. Foto: Josef Keller

(1964) Hauptstraße und Martin-Luther-Platz. Ehemals Altstädter Holzmarkt. Links ein „Konsum" (Geschäft für Nahrungs- und Genussmittel sowie Waren des täglichen Bedarfs). Das Haus ist heute ein Teil des Stadtmuseums.

(2021) Martin-Luther-Platz und Hauptstraße. Blick zur Altstädter Kirche und Stadtmuseum. Bildmitte auf der linken Seite das Restaurant „Pleite Geier". Vormals Gasthaus „Silberner Panzer". Hauptstraße 100. Foto: Gernot Amelang

(2021) Restaurant „Pleite Geier", Hauptstr. 100/Ecke Neue Straße. Rechts am Bildrand das Stadtmuseum (ehemaliges Rathaus) am Martin-Luther-Platz. Foto: Gernot Amelang

Der Blick des Fotografen geht in den nördlichen Teil der Hauptstraße vor zum Martin-Luther-Platz. Rechts am unteren Bildrand steht noch ein öffentlicher Pumpbrunnen, von dem es ca. 50 Stück in der Stadt gab. Die in Holz eingefassten Pumpbrunnen waren ein beliebter Treffpunkt für die Erlanger Hausfrauen und Dienstboten, welche allerlei Klatsch und Tratsch austauschten. Diese Brunnen, welche teils privat, aber auch öffentlich waren, versorgten somit die Bürger mit Wasser. Das änderte sich mit dem Bau des Wasserwerkes im Jahr 1891. Vorerst war nur der westliche Teil der Stadt an die Wasserleitung angeschlossen, das sollte sich mit dem Bau des Wasserturmes auf dem Burgberg 1904/05 ändern. Es war somit möglich, die komplette Stadt an die Wasserleitungen anzuschließen.

(1898) Hauptstraße und Altstädter Kirche.

(1900) Hauptstraße und Altstädter Kirche.

(Postkarte: geschrieben 1904) Hauptstraße und Altstädter Kirche. Das Haus vor der Kirche ist das Gasthaus „Zum weiß(s)en Lamm“.

(um 1900) Bildmitte rechts die Hauptstraße 68, Geschäft von Hans Wurm mit Kuppel vor dem Umbau der oberen Etage. Blick in Richtung Altstädter Holzmarkt, später Martin-Luther-Platz.

(um 1908) Geschäft von Hans Wurm nach dem Umbau der oberen Etage. Hauptstraße 68. Blick in Richtung Altstädter Holzmarkt (Martin-Luther-Platz).

(um 1910) Hauptstraße. Das Haus Nr. 64 (Schuhwaren-Lager) steht heute nicht mehr. Es wurde durch einen Neubau ersetzt. Foto: Leonhard Bergmann

(1910) Erlangen feiert seine 100-jährige Zugehörigkeit zum Königreich Bayern. Prinz Ludwig auf dem Weg zur Denkmalsenthüllung im Eichwald. Herrlich anzusehen, die Damen in ihren schönen Kleidern. Hauptstraße.

(1912) Gasthaus von Johann Hahn. Heute „Grauer Wolf". Hauptstraße 80. (erbaut 1745). Die Häuser Hauptstr. 80 und 82 wurden abgerissen und durch Neubauten ersetzt.

(2020) 3. Haus von links: „Grauer Wolf", hier stand früher das Gasthaus Hahn. Hauptstraße 80 (erbaut 1745). Heute steht hier ein Neubau mit Haus-Nr. 80–82.
Foto: Gernot Amelang

(1913) Hauptstraße in Richtung Altstädter Holzmarkt. Links: Bäckerei Georg Engelhardt. Hauptstraße 75.

(1913) Hauptstraße und Altstädter Kirche. Links: die Bäckerei und Melberei (Mehlhandlung) Georg Engelhardt. Hauptstraße 75/ Ecke Engelstraße.

(1917) Hauptstraße mit Altstädter Kirche.

(1917) Hauptstraße.

(1920) Bäckerei Georg Engelhardt. Die Melberei (Mehlhandlung) wurde vermutlich aufgegeben. Hauptstraße, alte Hausnummer 815, heute Hauptstraße 75/Ecke Engelstraße. Aktuell türkisches Restaurant.

(2020) Türkisches Restaurant. Ehemalige Bäckerei Georg Engelhardt. Hauptstraße, alte Haus-Nr. 815, heute Hauptstraße 75/Ecke Engelstraße mit Blick zum E-Werk. Fuchsenwiese 1. Foto: Gernot Amelang

(1920) Hauptstraße. Rechts die Druckerei Gutenberg. Das Geschäft von Hans Wurm existiert nicht mehr.

(1925) V. r. n. l.: Hauptstraße 58–68. In der Mitte die Druckerei Gutenberg. Foto: Georg Hopp

(2020) Hauptstraße: linke Seite v. l. n. r.: Nr. 63, bis Martin-Luther-Platz Nr. 4 u. rechte Seite v. r. n. l.: Hauptstraße 66–86. Foto: Gernot Amelang

(um 1925) Hauptstraße. Blick in Richtung Altstädter Holzmarkt. Ab 1928 Martin-Luther-Platz.

(2020) Hauptstraße. Linke Seite v. l. n. r.: Nr. 47–83 und rechte Seite v. r. n. l.: Nr. 40A–68 in Richtung Martin-Luther-Platz. Links geht es in die Heuwaagstr. Foto: Gernot Amelang

*(2020) Hauptstraße. Linke Seite v. l. n. r.: Nr. 55–83 und rechte Seite v. r. n. l.: Nr. 50–68 in Richtung Martin-Luther-Platz. Links die Altstadtmarktpassage, ehemals Henninger-Reif-Bräu.
Foto: Gernot Amelang*

Henninger-Reif-Bräu - 1699 bis 1974

Am Anfang der Brauerei steht der Bierbrauer, Hofschlachter und Metzger Georg Vierzigmann. Er erwarb 1691 das Haus mit der heutigen Adresse Hauptstraße 55 und richtete wenig später auch eine Braustätte ein, die er bis zu seinem Tod 1748 betrieb. Einige Generationen später gelangte die Brauerei 1816 an Johann Henninger. Nach einem steten Wert- und Bedeutungszuwachs wurde 1847 Sohn Heinrich sein Nachfolger. Dieser modernisierte und erweiterte die Brauerei unter anderem mit der Einrichtung einer ersten Dampfmaschine 1853 und konzentrierte sich konsequent auf die Ausfuhr seiner Biere, ehe er sein florierendes Unternehmen 1861 an Wilhelm Helbig verkaufte. Henninger selbst widmete sich weiterhin dem Braugeschäft, allerdings nun in Nürnberg und Frankfurt am Main. Doch auch die folgenden Jahre waren geprägt von Investitionen in eine moderne Brautechnik und die Erweiterung des Betriebsgeländes. So wurden um 1880 die Grundstücke bis hin zur Bahnlinie zugekauft und bebaut, sodass sich das Firmengelände über die gesamte Fläche, die heute von Bahnlinie, E-Werk und Westlicher Stadtmauerstraße eingegrenzt wird, erstreckte. Zuvor war bereits ein Teil der Stadtmauer abgerissen und die westliche Stadtmauerstraße unterkellert worden. Das beeindruckende Gebäude, das heute noch in der Vierzigmannstraße 28-32 zu sehen ist, beherbergte damals die ausgelagerte Mälzerei sowie Dienstwohnungen für Mitarbeiter. In dieser Zeit wurde auch die führende Stelle unter den Erlanger Exportbrauereien erreicht und ausgebaut; die Qualität der Henninger-Biere fand immer wieder durch Preise und Medaillen Anerkennung. Nach dem Tod von Oscar Helbig 1904 übergab dessen Witwe den Betrieb an eine Kapitalgesellschaft, die 1906 eine Fusion mit der Reifbrauerei zustande brachte. Die Produktion wurde auf dem Henninger-Gelände zusammengezogen. Die beiden Weltkriege trafen die versandorientierte Henninger-Reifbräu besonders hart, 1926 stand sie beinahe vor dem Konkurs. Auch die 1922 gegründete Erlanger Weizenbierbrauerei, die auf dem Gelände der Henninger-Reifbräu produzierte, war nicht besonders erfolgreich und wurde im Zweiten Weltkrieg wieder stillgelegt. Erst in den 1950er-Jahren (die Aktienmehrheit hatte zwischenzeitlich die Bay. Hypotheken- und Wechselbank) gelang eine Stabilisierung des Bierabsatzes. Dazu kam die Eigenproduktion (bis 1962) von Limonaden (Afri Cola, Bluna) und Tafelwasser. Noch in den 1960er-Jahren liefen eigene Bahnwaggons an die Fernkunden. Hauptbiersorten waren damals Voll-, Märzen- und malzaromatisches Bergkirchweihbier. Ab 1972 war die Henninger-Reifbräu Bestandteil der Patrizier-Bräu Nürnberg. Im November 1974 wurde das letzte Mal Bier abgefüllt, der Betrieb schloss auf Konzernanordnung. Ab 1975 mussten die Gebäude, mit Ausnahme der unter Denkmalschutz stehenden Fassade an der Hauptstraße der Einkaufspassage Altstadtmarkt weichen.

Die Informationen wurden zum Teil dem Buch „...ein Erlanger, bitte!“ von Jochen Buchelt, Hans-Diether Dörfler und Martin Schieber (Verlag Junge & Sohn, 2000) entnommen.

(um 1906) Werbeplakat der H. Henninger-Reif-Bräu AG. Die Straße links ist die Kuttlerstraße und rechts die Hauptstraße.

(1900) Hauptstraße. Blick in Richtung Neustädter Kirche und rechts zur Hugenottenkirche. Am Bildrand rechts sind die Schornsteine der Henninger-Reif-Bräu zu erkennen.

(1908) Hauptstraße mit Blickrichtung Schlossplatz. Rechts sind die Schornsteine der Henninger-Reif-Bräu zu erkennen.

(1920) Die ehemalige Mälzerei der Henninger-Reif-Bräu. Am 01. Juli 1920 wurde hier die Betriebszentrale und das Kontorhaus der Konsumgenossenschaft Erlangen mit Bäckerei eröffnet. Vierzigmannstr. 28–32.

(1943) Henninger-Reif-Bräu. Der Keller wurde im „Dritten Reich" als Luftschutzraum für 300 Personen genutzt. Adolf-Hitler-Straße 55 (Hauptstraße). Foto: Ernst Deuerlein

(1950) Flaschenabfüllanlage der Henninger-Reif-Bräu. Hauptstraße 55–57.

(1953) Luftaufnahme des Henninger-Reif-Bräu-Komplexes. Das Areal streckte sich von der Hauptstraße bis zur Bahnlinie im Bereich der Westlichen Stadtmauerstraße. Heute befindet sich auf diesem Gelände der Altstadtmarkt. Bis auf die Fassade des ehemaligen Verwaltungsgebäudes Hauptstraße 55 wurde alles abgerissen.

(um 1975) Ehemaliges Verwaltungsgebäude der Henninger-Reif-Bräu wurde als Diskothek „bb club" genutzt. 1976 wurde hier der Altstadtmarkt eröffnet. Hauptstraße 55/Ecke Kuttlerstraße.

(1976) Eingang zum Altstadtmarkt. 1973 kaufte die Stadt den Brauereikomplex von der Patrizier-Bräu, um ihn an einen Investor zu veräußern. Bei Errichtung des Altstadtmarkts wurde der Häuserkomplex Hauptstraße 55–57 abgebrochen. Nur die historische Fassade blieb weitgehend erhalten. Neben dem barocken Portal wurde ein neuer zweiter Eingang errichtet. Hauptstraße 55.
Foto: Rudi Strümpel

(1976) Innenansicht des neuen Altstadtmarktes. Im Obergeschoss des Hauptgebäudes befand sich ein Einrichtungszentrum, im Erdgeschoss ein Verbrauchermarkt und im Untergeschoss ein Baumarkt. Außerdem wurden Parkmöglichkeiten in der heute noch bestehenden Tiefgarage geschaffen. Hauptstraße 55.
Foto: Rudi Strümpel

(2020) Ehemaliges Verwaltungsgebäude der Henninger-Reif-Bräu AG. Hauptstr. 55/ Ecke Kuttlerstraße (erbaut vor 1691 und Eckbau 1699). Der Adler hier am Gebäude war am Haus „Zum Brandenburger Adler“. Kindler'sches Haus. Hauptstraße 47. Foto: Gernot Amelang

(2022) Auf dem Gelände des Altstadtmarkts befand sich früher die Henninger-Reif-Bräu AG. Westliche Stadtmauerstraße. Rechts die Altstadtmarktpassage. Hauptstraße 55. Foto: Gernot Amelang

(2022) Das Kaufland im Altstadtmarkt. Ehemaliges Gelände der Henninger-Reif-Bräu AG. Westliche Stadtmauerstraße 27. Foto: Gernot Amelang

(um 1900) Café Fürst, ehemals Gasthaus „Blaue Glocke", das 1708 eröffnete. Die „Blaue Glocke" ist ein Eckgebäude mit Eingang in der Hauptstraße 46. Das Gasthaus war Namensgeber für die angrenzende Glockenstraße. Die Straße hieß ab 1745–1881 blau Glocken Straße, Blaue Glocken Gasse, sowohl als auch Glockengasse. Aufzeichnungen von 1751 nennen die heutige Glockenstraße auch Hecht Gasse nach dem Gasthaus „Goldener Hecht", das sich in der Glockenstraße 8 befindet. 1904 war es das Café Andler, danach bis 1988 „Glocken-Lichtspiele". Nach Privatbetrieb und Übernahme durch die UFA 1992 mussten „Die Glocken" 1996 den Kinobetrieb einstellen. Heute dienen die Räumlichkeiten dem Theater Erlangen.

(Postkarte von 1904) Café Andler, vormals Café Fürst und zuvor Gasthaus „Blaue Glocke", dann Café „Glocke" und bis 1988 „Glocken-Lichtspiele". Hauptstraße 46.

(um 1900) Ansichtskarte vom Café Fürst mit Billardtisch. Hauptstraße 46.

(1905) Hauptstraße v. l. n. r.: Nr. 46–40. Links das „Café Glocke". Ab 1914/15 „Glocken-Lichtspiele". Hauptstraße 46. Rechts im Bild geht es in die Kuttlerstraße.

(1939) Adolf-Hitler-Straße (Hauptstraße). Rechts im Bildrand die „Glocken-Lichtspiele". Hauptstraße 46/Ecke Glockenstraße.

(1950) Die Hauptstraße war die „Rue Principale" in der französischen Barockstadt. Bis 1962 war die Hauptstraße auch Bundesstraße 4. 1938 waren in Erlangen 627 Personenkraftwagen zugelassen, 1950 waren es 1521. Rechts: Hauptstr. 46, ehem. Gasthaus „Blaue Glocke", später Café Fürst und ab 1904 Café Andler. Bis 1996 „Glocken-Lichtspiele". In der Bildmitte ein Lastwagen mit Anhänger der Brauerei Mailaender. Wegen der Lage auf dem Berg (Nottelberg) von den Fürthern im Volksmund „Berg-Bräu" genannt. Die Werbung für „Berg-Bräu" ist auf dem Balkon der Glocken-Lichtspiele zu sehen.

Diese Bodenplatte ist vor dem Haus Hauptstraße 46 zu sehen. Foto: Gernot Amelang

(2020) Die ehemaligen „Glocken-Lichtspiele“. Hauptstraße 46. Foto: Gernot Amelang

(2011) „Der bunte Laden“. Hauptstraße 48/Ecke Glockenstraße (erbaut 1698). Foto: Don Manfredo

(2022) „Der bunte Laden“ ist auch dem Ladensterben zum Opfer gefallen. Hauptstraße 48/ Ecke Glockenstraße.
Die Glockenstraße rechts am Bildrand hieß ab 1745–1881 auch Blau-Glocken-Straße, Glocken Gaße u. Glockengasse. Foto: Gernot Amelang

(1940) Soldaten, die von der Altstadt zur Neustadt marschieren. Adolf-Hitler-Straße (Hauptstraße).

(Kriegsjahre 1939–45) Adolf-Hitler-Straße (Hauptstraße).

(1950) V. l. n. r.: Hauptstraße 58–68. Bildmitte die Gutenberg-Druckerei. Man erkennt schon die bauliche Veränderung der Häuser innerhalb von 25 Jahren (siehe Seite 102). Foto: Eduard Rühl

Gasthaus „Weißes Lamm"

Wirtshausschild vom Gasthof „Weißes Lamm". Der Schriftzug hat sich auch geändert. 1904 schrieb man Gasthof „Zum wei(s)en Lamm" (siehe Seite 97) und schon 1914 Gasthof „Weißes Lamm" (zwar noch das „ß" als „fs"-Ligatur schreibweise). Alte Haus-Nr. 608. Hauptstraße 86 (erbaut 1736).

(1914) Gasthof „Weißes Lamm“, Inhaber war Fritz Horn. Alte Haus-Nr. 608. Hauptstraße 86 (erbaut 1736).

(1930) Lamm-Lichtspiele, ehemals Kammer-Lichtspiele und davor das Gasthaus „Weißes Lamm“. Hauptstr. 86.

(1930) Die „Lamm-Lichtspiele“, vorm. Gasthof „Weißes Lamm“. Über dem Eingang hängt ein Werbeschild des mitwirkenden Hauptdarstellers Paul Hörbiger. Er war ein österr. Schauspieler. Alte Haus-Nr. 608. Hauptstraße 86 (erbaut 1736).

„Lamm-Lichtspiele", Hauptstraße 86, ehemaliger Gasthof „Weißes Lamm". Die „Lamm-Lichtspiele" sind das älteste noch betriebene Kino in Erlangen. Bereits 1919 hat die erste Aufführung stattgefunden. Damals hieß das Kino noch „Kammer-Lichtspiele". Seit 1924 sind es die „Lamm-Lichtspiele", früher auch gern „Schlappenkino" genannt, weil die Anwohner hin und wieder in Hausschuhen (Schlappen) zu den Vorführungen gingen. Seit 1998 existiert das Kino als Filmkunsthaus. Ab dem Jahr 2000 wurden die „Lamm-Lichtspiele" in jedem Jahr mit dem Deutschen und bayerischen Kinoprogrammpreis ausgezeichnet.

(10.04.2020) „Lamm-Lichtspiele", ehemaliger Gasthof „Weißes Lamm". Hauptstraße 86. Foto: Gernot Amelang

(2020) Hier zu sehen ein Schlussstein im Korbbogentor. Ehemaliges Gasthaus „Weißes Lamm". Das Hauszeichen mit den zwei gekreuzten Schöpfkellen und dem Maischscheit verweist zusammen mit den Initialen G. C. V. M. auf den Bierbrauer Johann Georg Vierzigmann, der hier von 1736–1790 produzierte. Er besaß 1736 das bald als Gastwirtschaft „Zum weißen Lamm" bekannte Haus mit dem markanten Fachwerkgiebel. Hauptstr. 86.

(2020) Schlussstein im Korbbogentor. Ehemaliges Gasthaus „Weißes Lamm". Foto: Gernot Amelang

(2020) „Lamm-Lichtspiele", ehemaliges Gasthaus „Weißes Lamm". Hauptstraße 86, rechte Seite v. r. n. l.: Hauptstraße 84–90. Foto: Gernot Amelang

(2020) „Lamm-Lichtspiele“. Hauptstraße 86. (erbaut 1736). Das gelbe Haus rechts daneben ist das Altstadthotel „Grauer Wolf“. Foto: Gernot Amelang

Foto: Gernot Amelang

(2020) Bildmitte: Ehemaliges Altstädter Schul- und Kantoratshaus. Mittlere Schulstraße 1/ Ecke Schulstraße (erbaut 1707). Foto: Gernot Amelang

(2022) Geburtshaus von Wilhelm Fleischmann. Heute Kunstverein Erlangen. Engelstraße/Ecke Hauptstraße 72 (erbaut um 1789). Foto: Gernot Amelang

(2022) Geburtshaus von Wilhelm Fleischmann (1837–1920). Er war ein deutscher Agrarwissenschaftler, der sich vor allem mit der Erforschung von Milch und Molkereiprodukten beschäftigte. Er gilt als der Begründer der Milchwissenschaft. Heute Kunstverein Erlangen. Hauptstraße 72/ Ecke Engelstraße (erbaut 1789). Foto: Gernot Amelang

Diese Bodenplatte ist vor dem Haus Engelstraße 20 zu sehen. Foto: Gernot Amelang

(2022) Das ehemalige Gasthaus „Engel mit der Salzscheibe" wurde 1748 in der heutigen Engelstraße 20 eröffnet und gab der Straße ihren Namen. Ab 1751 hieß die Straße Engelgaß, Engelgasse, Engeleins Gasse oder auch Entleins Gasse. Die amtliche Benennung in Engelstraße erfolgte 1884. Foto: Gernot Amelang

Metzgerei Vierzigmann - Aus nach 316 Jahren: Erlangen älteste Metzgerei schließt 2014

Die Traditionsmetzgerei Vierzigmann hat sich aus privaten Gründen mit dem Verkauf von Fleisch- und Wurstwaren zurückgezogen. Den Satz, den viele Erlanger kennen: „Darf's ein bisschen mehr sein?", verstummt in Erlangens ältester Metzgerei für immer. Familie Vierzigmann gehört zu Erlangen, wie die Bergkirchweih oder der Name Mengin. Eine hervorstechende Persönlichkeit der Stadt war Georg Friedrich Vierzigmann (1808 bis 1865). Der ledige Brauereibesitzer, der 1830 als Kaufmann die väterliche Brauerei am Martin-Luther-Platz 4 übernahm, hatte der Stadt 1865 neben verschiedenen Stiftungen für Schüler und Lehrerfamilien in Notlagen sein Gesamtvermögen in Höhe von 260 000 Gulden vermacht. Aus Dankbarkeit benannte 1884 die Stadt Erlangen ihm zu Ehren den Langen Weg in Vierzigmannstraße um. Auch die ehemaligen Brauereien „Hofbräu" und „Kitzmann" wurden von Vierzigmann betrieben. Die Brauerei am Martin-Luther-Platz 4 wurde nach dem Tod von Georg Friedrich Vierzigmann von der Familie aufgegeben. Die Metzgerei, die seit 1698 existiert, schloss nach 316 Jahren ihre Eingangstür in der Altstadt für immer. Wieder ist ein Stück Tradition verloren gegangen. Nach Umbaumaßnahmen befindet sich heute eine Einrichtung für Kinder (Die Kinderei - Der Kinder(h)ort in der Altstadt) in diesem Gebäude.

(um 1910) Fleisch- und Wurstwaren Vierzigmann. Hauptstraße 70/Ecke Engelstraße.

(1920) Links: Fleisch- und Wurstwaren Vierzigmann. Hauptstraße 70/Ecke Engelstraße. Blick in die Hauptstraße.

(um 1970) Rechts: Fleisch- und Wurstwaren Vierzigmann. Hauptstraße 70/ Ecke Engelstraße.

(2014) Die Metzgerei Vierzigmann in der Hauptstraße hat nach 316 Jahren geschlossen. Die Metzgerei wurde im Jahr 1698 ins Leben gerufen und ist somit eines der ältesten Fachgeschäfte in Mittelfranken. Hauptstraße 70/Ecke Engelstraße. Foto: emr. NN

(2015) In der Bildmitte: Die ehemalige Metzgerei Vierzigmann. Hauptstraße 70/Ecke Engelstraße. Foto: Gernot Amelang

(2022) Im Hintergrund die Altstädter- oder Dreifaltigkeitskirche, davor das kleine graue Haus vor der Ampel, ist die ehem. Metzgerei Vierzigmann. Hauptstraße 70/Ecke Engelstraße. Foto: Gernot Amelang

(2020) Bildmitte: Die ehem. Metzgerei Vierzigmann, Hauptstraße 70/Ecke Engelstraße 20. Heute Kinderei – der Kinder(h)ort in der Altstadt. Eingang: Engelstraße 19. Foto: Gernot Amelang

(2020) Hauptstraße in Richtung Markt- und Schlossplatz. Links: Nr. 68–32. Foto: Gernot Amelang

(2020) Kinderei – der Kinder(h)ort in der Altstadt. Eingang: Engelstraße 19/Ecke Hauptstraße alte Nr. 70 (erbaut 1710–20). Blick auf die Hauptstraße 73/Ecke Engelstraße. Foto: Gernot Amelang

(1920) Nordseite der Engelstraße vom Theaterplatz aus. Engelstraße 2 (erbaut 1797).

(2021) Engelstraße 2 (erbaut 1797). Foto: Gernot Amelang

Brauerei Hertlein - 1813 bis 1890

Georg Fink ließ 1710 das Gebäude in der Engelstraße 15 errichten und seine Initialen G. F. prangen noch heute über der Toreinfahrt. Der erste bekannte Wirt hieß passenderweise Johann Andreas Wirth. Er führte die Wirtschaft in der Engelstraße ohne Schild und braute das Bier, das er dort verkaufte, selbst im Gemeindebrauhaus. Ohne Schild bedeutete, dass Wirth nicht das Recht besaß, ein Wirtshausschild auszuhängen. Dafür gehörte Wirth schon einer der Bierkeller am Burgberg. So konnten er und seine Nachfolger eine größere Menge Bier im Gemeindebrauhaus brauen, das dann im Lagerkeller frisch blieb. Wirths Nachfolger Nicolaus und Conrad Georg Zwanziger waren ebenfalls beide Gastwirte und gestandene Bierbrauer. 1801 kauften der Bierbrauer und Bürgermeister der Altstadt, Johann Wernlein, die Wirtschaft von Conrad Georg Zwanziger. Sein Sohn Johann und seine Frau Margareta beerbten ihn schließlich und richteten, als 1813 das Gemeindebrauhaus schloss, ein eigenes Brauhaus auf ihrem Anwesen ein, so dass eine für Erlangen typische Hausbrauerei mit Ausschank entstand. 1822 starb der Brauereigründer und die Witwe Margareta Wernlein übernahm die Leitung des Unternehmens. Dabei wurde sie von ihren Kindern und angestellten Braugesellen unterstützt. Alle Arbeiten wurden in Handarbeit geleistet, eine Dampfmaschine kam niemals zum Einsatz. Entsprechend gering fiel der Ausstoß aus. Aufgrund ihres Alters verpachtete Margareta Wernlein die Brauerei in den 1850er-Jahren an den jungen Bierbrauer Johann Holzberger, dem späteren Besitzer der Brauerei am Katholischen Kirchenplatz. Dieser brachte es 1857 immerhin auf einen Ausstoß von 495 Hektoliter. Bald nach dem Tod von Margareta Wernlein (1859) übernahm der Bierbrauer Johann Hertlein das Anwesen. Hertleins Familie besaß schon seit 1828 die Ott'sche Brauerei (Martin-Luther-Platz 10), die sie beim Kauf der Brauerei in der Engelstraße allerdings abstieß. Die Gründe dafür nahm Johann Hertlein allerdings 1875 mit ins Grab. In den 1870er-Jahren erreichte die kleine Brauerei, die am Export nicht teilhatte, immerhin einen Ausstoß zwischen 1000 und 1300 Hektoliter. 1890 musste Friedrich Hertlein, Sohn und Nachfolger Johann Hertleins, die Brauerei schließen. Die Wirtschaft wurde weiterhin von der Familie betrieben, das Brauereigebäude dagegen verkauft und als Lagerhaus genutzt.

Die Informationen wurden teilweise dem Buch „...ein Erlanger, bitte!" von Jochen Buchelt, Hans-Diether Dörfler und Martin Schieber (Verlag Junge & Sohn, 2000) entnommen.

(1959/60) Gaststätte „Walfisch". Engelstraße 15 (erbaut 1710).

(2021) Pizzahaus „Cucina di Napoli", früher Gaststätte „Walfisch". Engelstraße 15, rechts daneben ehemalige Gaststätte „Kleeblatt", heute Cocktail-Bar „Havana". Engelstraße 17 (erbaut 1710/20). Foto: Gernot Amelang

Pizzahaus „Cucina di Napoli". In dem Gasthausanwesen Engelstraße 15 floss nach 1813 selbst gebrautes Bier aus den Zapfhähnen der Familie Wernlein. Später produzierte hier die Familie Hertlein bis 1890 in einem handbetriebenen Sudwerk. Zu den Zeiten der Gaststätte „Walfisch" wurden die Biere der Bamberger Hofbräu ausgeschenkt. Heute Pizzahaus „Cucina di Napoli".

(1959/60) Gaststätte „Kleeblatt", heute Cocktail-Bar „Havana". Engelstraße 17 (erbaut 1710/20).

(2021) Cocktail-Bar „Havana", ehem. Gaststätte „Kleeblatt". Engelstraße 17. Foto: Gernot Amelang

„Adler-Apotheke“

Die „Adler-Apotheke“ hat eine 258-jährige Geschichte. Gründung im Jahr 1762. Ende des 17. Jahrhunderts wurden die ersten „deutschen Apotheken“ gegründet. Als vierte deutsche Apotheke privilegierte Markgraf Friedrich 1762 die Apotheke „Zum roten Brandenburgischen Adler“ des Christoph Adam Fleischmann. Seit 1919 befand sich die „Adler Apotheke“ im Besitz der Familien Guthmann und Nürmberger. Seit 1966 bis zu seinem Tod 2020 stand Bernd Nürmberger ununterbrochen am Tresen der „Adler-Apotheke“, zunächst als Angestellter, dann ab 1977 nach Ausscheiden seines Stiefvaters als Pächter. Und nach dessen Tod 1985 übernahm er die Apotheke ganz. 2020 musste die Apotheke durch den Tod von Bernd Nürmberger für immer schließen. Hauptstraße 61 (erbaut 1697).

(1870) „Adler-Apotheke“. Hauptstraße 61.
Foto: Georg Dassler

(1930) „Adler-Apotheke“. Hauptstraße 61.

(1948) Traktor mit AB-Kennzeichen (Amerikanische Zone Bayern) vor der „Adler-Apotheke“. Hauptstraße 61.

Apotheker Bernd Nürmberger
* 30.09.1940 in Erlangen;
† 30.07.2020 in Erlangen

(1958) Die „Adler Apotheke“ in der Hauptstraße 61 (erbaut 1697). Links das Krawattengeschäft Ahner. Hauptstraße 59 (erbaut 1861). Foto: Ernst Deuerlein

(2020) Nach 258 Jahren schließt für immer die Erlanger „Adler Apotheke“. Mit dem Tod von Bernd Nürmberger verliert Erlangen eine der ältesten Apotheken der Stadt. Sie bestand seit 1782.

(10.04.2020) Die „Adler-Apotheke“ in der Hauptstraße 61, rechts das Sanitätshaus Büchner-Kleinknecht Nr. 63, gibt es nicht mehr (erbaut 1697). Foto: Gernot Amelang

(um 1936) Kupferschmiede und Installationsbetrieb, Inh. Stephan Krauss, gegründet 1775. In diesem Haus waren zwei Geschäfte untergebracht. Eines davon war die Leihbücherei von Emilie Degelow. Nach dem Komplettumbau der Geschäftszeile eröffnete hier das Sanitätshaus Büchner-Kleinknecht. 2020 wurde das Sanitätshaus geschlossen. Hauptstraße 63 (erbaut 1697).

(2016) Sanitätshaus Büchner-Kleinknecht. 2020 geschlossen. Ehemalige Kupferschmiede und Installationsbetrieb von Stephan Kraus. Hauptstraße 63 (erbaut 1697).

(2021) Café Beisl, hier befand sich noch in den 50er-Jahren das Krawattengeschäft Ahner. Hauptstraße 59 (erbaut 1861). Foto: Gernot Amelang

(2020) Rechts neben der „Adler Apotheke“ befindet sich das ehemalige Sanitätshaus Büchner-Kleinknecht (Geschlossen im Jahr 2020). Vor dem Umbau des Gebäudes gab es hier eine Schmiede von Stephan Krauss, eine Leihbücherei u. ein weiteres Geschäft. Hauptstraße 63 (erbaut 1697). Foto: Gernot Amelang

(2020) Hauptstr. in Richtung Markt- und Schlossplatz. Links Nr. 68–40A bis Ecke Wasserturmstraße, rechts die Nr. 71–47 bis Kreuzung Heuwaagstraße. Foto: Gernot Amelang

Familie Greiner – Haushaltwaren Fachgeschäft seit 1794

(1794) Angefangen hat alles mit Johann Christian Wolmershäuser. Wir schreiben das Jahr 1794, als der dreißig Jahre junge Zirkelschmied nach Jahren der Wanderschaft in Erlangen seine Heimstadt fand. Nach der Anerkennung seiner Meisterschaft erhält er noch im selben Jahr die begehrten Bürgerrechte eines Erlanger „Neubürgers". Christoph Friedrich Wolmershäuser verkauft 1909 das Haus und Geschäft an Hermann Greiner. Eine langjährige Familientradition begann. Das Familienunternehmen blickt auf eine über 111-jährige Erfolgsgeschichte zurück. 2020 musste die Firma Greiner für immer schließen.

Die Informationen wurden teilweise dem Buch „...ein Erlanger, bitte!" von Jochen Buchelt, Hans-Diether Dörfler und Martin Schieber (Verlag Junge & Sohn, 2000) entnommen.

(um 1900) Verkaufsraum. Hauptstraße 65 (erbaut 1696).

Lieferwagen der Firma Kurt Greiner.

Modernisierung der Ladenflächen. Neues Erscheinungsbild der Firma Greiner. Hauptstraße 65.

(1950) Haushaltswarengeschäft Greiner. Hauptstraße 65. Foto: Archiv Greiner

(2020) Firma Greiner, Geschäftserweiterung, v. l. n. r.: Hauptstraße 65–67. Foto: Gernot Amelang

(2020) Totalausverkauf wegen Geschäftsaufgabe. Eines der ältesten Handelsunternehmen in Erlangen, die Firma Kurt Greiner GmbH mit Sitz in der Hauptstraße 65–67, schließt für immer ihre Türen. Foto: Gernot Amelang

Die „Alte Torwacht“

Das Wachthaus am Erlanger Stadttor wurde 1710 erbaut. Hier wurde die Pflasterzolleinnahme zwischen der Altstadt und der Neustadt von 1710 bis 1757 erhoben. Seit 1777 betrieb Lorenz Ifftner hier eine Kolonialwarenhandlung. Ab 1783 war das Haus im Besitz der Familie Hünerkopf. Anfang des 19. Jahrhunderts erwarb die Familie Schmidt das Anwesen. Um 1900 ging das Haus an die Familie Felbinger über. Hauptstraße 69.

(um 1900) Kolonialwarengeschäft der Fam. Felbinger, vormals H. Schmidt. Hauptstraße 69 (erbaut 1710).

(1947) Kolonialwarengeschäft der Familie Felbinger. Hauptstraße 69.

Bei Felbinger gab es unter anderem rein amerikanisches Petroleum, Geka-Seife der Firma Kraus aus Schweinfurt und viele andere Reinigungsmittel. Natürlich durfte Maggi in keinem Geschäft fehlen.

1962 erwarb Ernst J. Augustin das Haus und es wurden umfangreiche Umbauten vorgenommen. Die Eingangstür wird entfernt und der Laden vergrößert. Hauptstraße 69.

Ab 1947 führte Ernst J. Augustin das Kolonialwarengeschäft in Pacht und änderte den Firmennamen in Lebensmittelgeschäft. Er führte das Geschäft bis Mitte der 60er-Jahre. Hauptstraße 69.

1963 bekommt das Geschäft in der Hauptstr. 69 einen neuen Mieter, den Eisverkäufer Toscani. Die Familie führt das Geschäft bis 1998. Heute betreibt die Familie Toscani ein Eiscafé in der Nürnberger Straße 28.

(2015) Nach Komplettsanierung des Hauses 2000 ist hier „Lily's Asia Imbiss". Ehem. „Alte Torwacht", Pflasterzolleinnahme (1710–1757). Hauptstraße 69 (erbaut um 1710). Foto: Gernot Amelang

(November 2020) 2. Corona-Lockdown. Totalausverkauf bei Greiner Haushaltswaren, Hauptstr. 65. Rechts das Restaurant „Levantine" hat wegen der Corona-Pandemie dauerhaft geschlossen. Hauptstraße 69. Foto: Gernot Amelang

(Juni 2020) Neueröffnung Restaurant „Levantine". November 2020: 2. Corona-Lockdown. Alle Gaststätten in Erlangen waren geschlossen. Hauptstraße 69. Foto: Gernot Amelang

Der Altstädter Kirchenplatz

(1920) Der Altstädter Kirchenplatz mit Altstädter- oder Dreifaltigkeitskirche.

(1939) Ferkelmarkt auf dem Altstädter Kirchenplatz.

(1971) Aufbau zum Lichtmessmarkt auf dem Altstädter Kirchenplatz.

Mit dem Fest Mariä Lichtmess am 02. Februar endet im kirchlichen Kalender die Weihnachtszeit. Die katholische Kirche feiert diesen Tag in Erinnerung an die Darbringung Jesu durch Maria im Tempel. Der Lichtmessmarkt hat eine lange Tradition und findet seit rund 300 Jahren statt. Auf dem traditionellen Lichtmessmarkt in Erlangen präsentieren Händler ein vielfältiges Warenangebot. Seinen Ursprung hat der Markt in den damaligen Arbeitsstrukturen, in denen Knechte und Mägde nur an Lichtmess ihre Arbeitsstelle wechseln konnten. Da bei einem Wechsel oder einer Vertragsverlängerung ein Handgeld gezahlt wurde, konnten sie zu dieser Zeit einkaufen gehen. Aus diesen traditionellen Wurzeln hat sich der heutige Warenmarkt entwickelt. Das Angebot reicht von Töpfen, Pfannen, Tassen und Tellern über Bürsten und Kämme bis hin zu Strümpfen und Wollsocken.

(70er-Jahre)
Der Altstädter Kirchenplatz.
Links: Exportbrauerei Franz Erich.
1975 war die Brauerei geschlossen.

(2016) Altstädter Kirchenplatz.
Foto: Gernot Amelang

(2016) Altstädter Kirchenplatz
v. l. n. r.: Nr. 4–1.
Am Fahrradständer meine
Frau Angelika.
Foto: Gernot Amelang

(2020) Rechts im Bild das ehemalige Gasthaus „Scharfes Eck". Altstädter Kirchenplatz 1 (erbaut 1755). Foto: Gernot Amelang

(2020) Restaurant „Basilikum" am Altstädter Kirchenplatz 2. Rechts das ehemalige Gasthaus „Scharfes Eck". Altstädter Kirchenplatz 1. Foto: Gernot Amelang

(2020) Altstädter Kirchenplatz. Blick in die Kirchenstraße. Foto: Gernot Amelang

(2020) Blick von der Engelstraße in die Kirchenstraße in Richtung Altstädter Kirchenplatz.
Foto: Gernot Amelang

(2021) Der Altstädter Kirchenplatz mit Brunnen (Fischerknabe mit Hecht). Links die ehem. Brauerei Franz Erich, heute der Verein Dreycedern e. V. Erlangen, Altstädter Kirchenplatz 6. Rechts daneben das Bistro „Dreycedern–Sprungbretter". Theaterplatz 22.
Foto: Gernot Amelang

Die Erich Bräu Brauerei wurde im Jahr 1718 von der Familie Windisch gegründet und bestand aus neun zusammenhängenden Einzelanwesen und hatte seinen Ursprung im Anwesen Altstädter Kirchenplatz 6.

(2021) Ehemaliges Hauptgebäude der Exportbrauerei Franz Erich. Heute ist hier der Verein Dreycedern, es ist eine Informations-, Beratungs- und Bildungseinrichtung zur Förderung von Gesundheit in der zweiten Lebenshälfte. Altstädter Kirchenplatz 6/Ecke Cedernstraße.
Foto: Gernot Amelang

(2021) Der Altstädter Kirchenplatz mit Brunnen (Fischerknabe mit Hecht). Der schöne Brunnen stand 1907 noch auf dem Bahnhofsplatz.
Foto: Gernot Amelang

(2021) Ehem. Gasthaus „Scharfes Eck". Altstädter Kirchenplatz 1/Ecke Kirchenstraße (erbaut 1755).
Foto: Gernot Amelang

(2021) Der Altstädter Kirchenplatz mit der Altstädter- oder Dreifaltigkeitskirche. Der Weihnachtsmarkt wurde im November 2021 aufgebaut und kurze Zeit später wegen strenger Corona-Maßnahmen wieder abgebaut.
Foto: Gernot Amelang

Brauerei Franz Erich - 1718–1975

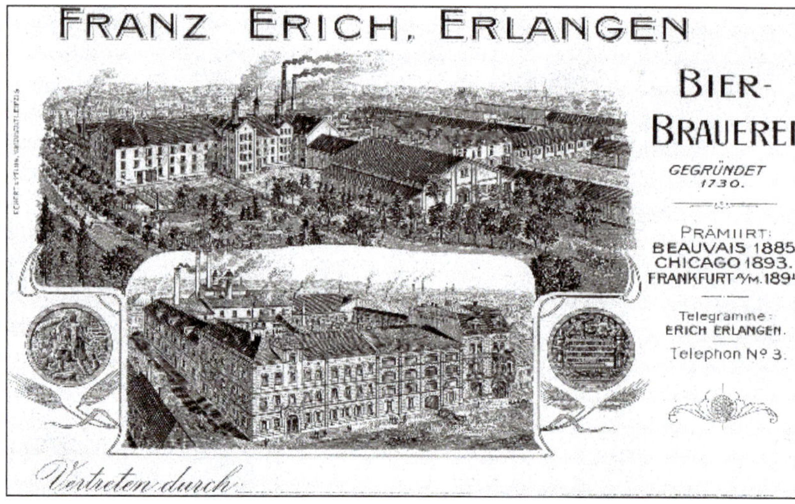

Der Brauereikomplex wurde im Jahr 1718 von Bierbrauer und Bäckermeister Georg Heinrich Windisch gegründet und blieb zunächst im Familienbesitz. In dieser Zeit entstand auch das bekannte Kellerhäuschen am Burgberg (1730). Nach der Übernahme durch Franz Erich 1848 entwickelte sich das Unternehmen durch die Modernisierung der Brauerei 1869–74 zur größten Exportbrauerei Erlangens. Ab 1861 begann die Erweiterung des Brauereianwesens und der Kelleranlagen. Im Jahre 1870 erfolgte unter Beibehaltung der älteren Bausubstanz ein repräsentativer Umbau des Hauptgebäudes am Altstädter Kirchplatz, 1873 östlich angrenzend das Kühlhaus sowie 1886/87 das Erich-Haus errichtet. Trotz rückläufiger Exporte stand die Erich-Bräu in den folgenden Jahrzehnten auf dem Höhepunkt ihres Ansehens, was Goldmedaillen und Auszeichnungen bei Welt- und Industrieausstellungen belegen. Nach dem Tod von Martin Ernst Erich im Jahre 1905 gelangte die Erich-Bräu über seine Schwester an die Familie Toenishen, die das Unternehmen durch die schweren 1920er-Jahre brachte, bis 1930, auch aufgrund von verlustreichen Spekulationsgeschäften durch Fritz Toenishen, Konkursantrag gestellt werden musste. Die drohende Übernahme oder Stilllegung der Brauerei konnte die Stadt Erlangen durch ihr Engagement verhindern. Stadt Erlangen und Bamberger Mälzerei AG traten 1931 als Eigner der neugegründeten „Exportbrauerei Franz Erich GmbH“ auf. Gasthausneubauten, der Ausschank im städtischen Redoutensaal und Lieferungen zu den Nürnberger Reichsparteitagen 1937 und 1938 begünstigten die wirtschaftliche Konsolidierung. Auf Anordnung des Bayerischen Innenministeriums musste sich die Stadt Erlangen 1940 von der Brauereibeteiligung trennen. Nach der Überwindung der Dünnbierzeit, als nur 1,7 % Stammwürze zulässig waren, blühte die Erich-Bräu Anfang der 1950er-Jahre wieder auf. Hauptabsatzgebiete waren Erlangen, Nürnberg, Fürth, Bamberg und die Fränkische Schweiz. Neben den beliebten Erich-Bieren gewann Limonade (u. a. die Lizenzmarke Olympia) immer mehr an Bedeutung. Aufgrund der gestiegenen Bedeutung von Flaschenbier wurde 1953 eine neue Flaschenabfüllanlage angeschafft, die neun Jahre später bereits erweitert werden musste und man stellte 1965 von Bügelverschlussflaschen auf Euroflaschen und Kronkorken um. Ab 1972 gehörte die Erich Bräu zur Patrizier-Bräu Nürnberg. Der Betrieb der Brauerei Erich wurde 1975 komplett eingestellt.

(1926) Werbeplakat mit der „Erich-Liesl“.

Die Informationen wurden teilweise dem Buch „...ein Erlanger, bitte!“ von Jochen Buchelt, Hans-Diether Dörfler und Martin Schieber (Verlag Junge & Sohn, 2000) entnommen.

Maßkrug - Erich-Bräu.

(1845/46) Wohn- und Brauhaus am Altstädter Kirchenplatz 6/Ecke Cedernstraße. (Lithografie in Privatbesitz).

Die Lithografie zeigt die Brauerei vor dem Erwerb durch Franz Erich (1848). Das massive zweigeschossige Eckgebäude diente als Wohnhaus und Bierschenke. Dahinter befand sich an der Neuen Straße das Brauhaus und im Hof der Stall für die Pferde. Der spätere Brauereikomplex am Altstädter Kirchenpl. 6 entwickelte sich 1718.

Diese Reproduktion nach Originalaufnahme um 1880/85 zeigt die Familie Erich und im Hintergrund die Produktionsstätten.

Bierdeckel - Erich-Bräu.

(um 1890) Rückgebäude der Erich-Brauerei. Cedernstraße/Neue Straße.

(um 1880) Hauptgebäude der Exportbrauerei Franz Erich. Zum Firmenfoto haben sich die Familie Erich, Brauereiarbeiter und Bierkutscher versammelt. Das Eckhaus wurde 1870 um ein Geschoss erhöht und an der Platzfront um drei Achsen erweitert. Im Vordergrund verlaufen offene Straßenrinnen, die das Abwasser abführen. Altstädter Kirchenplatz 6/Ecke Cedernstraße (Umbaumaßnahmen 1861–1873). Foto: Ferdinand Schmidt

(um 1970) Erich-Brauerei am Altstädter Kirchenplatz 6.

(um 1970) Erich-Brauerei. Transport der Holzfässer zur Einlagerung in den Kellern am Burgberg. Der Komplex wurde 1976/77 unter Beibehaltung der Außenfassaden für das Begegnungszentrum Dreycedern mit Wohnungen für Ältere und Behinderte umgebaut. Altstädter Kirchenplatz 6.

1848 erwarb Franz Erich den Brauereibetrieb. Durch den Einsatz moderner Anlagen wuchs der Betrieb von 1860 bis 1974 zur größten Erlanger Exportbrauerei. Auch den Rückgang der Exporte der folgenden Jahre überstand die Erich-Brauerei. Altstädter Kirchenplatz 6.

Bierkeller gab es nicht nur am „Berg". Unter dem Altstädter Kirchenplatz ist heute noch einer der großen Bierkeller, jener von der Erich-Brauerei vorhanden. Hier sieht man eine Anlage mit den gewaltigen Gärbottichen der Erich Bräu. Altstädter Kirchenpl. 6.

Erich-Haus mit Haus Dreycedern

Martin Ernst Erich, Sohn des gleichnamigen Gründers der Erich-Brauerei, ließ 1886/87 das „Erich-Haus" nach dem Entwurf des Münchner Architekten W. Harbauer im Stil der Neurenaissance errichten. Es zählt zu den repräsentativsten Wohnhäusern der Kaiserzeit in Erlangen und spiegelt den sozialen Aufstieg der Familie ins Großbürgertum wider. Anlässlich der 1910 stattgefundenen Feierlichkeiten zur 100-jährigen Zugehörigkeit Erlangens zum Königreich Bayern logierte der Kronprinz und spätere König Ludwig III. für drei Tage im Erich-Haus. Das Erich-Haus blieb noch bis 1930 in Familienbesitz und diente danach als Mietshaus. Nach Schließung der Brauerei Erich im Jahr 1975 übernahm die Stadt Erlangen den Brauerei-komplex sowie das Mietshaus. Die dazugehörigen Brauereigebäude an der Ceternstraße/Neue Straße wurden 1976 abgerissen und das Hauptgebäude bis auf die Fassade entkernt. Im ehemaligen Kühlhaus der Brauerei entstand das Sozialzentrum Dreycedern. Das Erich-Haus ist seit 1993 im Besitz der Brauerei Steinbach und beherbergt das Restaurant „Zen".

(1886) Erich-Haus, Fassadenaufriss. Hohe Proportionen und historisierende Schmuckelemente prägen die zwei-achsige Fassade. Der Erker, hinter dem sich der Salon befindet, wird durch zwei Atlanten getragen. Das Portal ermöglicht die Durchfahrt zum Rückgebäude. Theaterplatz 22 (erbaut 1886/87).

(2021) Erich-Haus. Theaterplatz 22. Foto: Gernot Amelang

(2022) Türportal Erich-Haus. Theaterplatz 22. Foto: Gernot Amelang

(2013) Erich-Haus mit Haus Dreycedern. Das Erich-Haus grenzt an das ehemalige Kühlhaus an, das 1976 zusammen mit dem Hauptgebäude der Brauerei zum Sozialzentrum Dreycedern umgebaut wurde. Theaterplatz 22. Foto: Gernot Amelang

(2016) Altstädter- oder Dreifaltigkeitskirche am Altstädter Kirchenplatz. Vor dem Erich-Haus meine Frau Angelika. Theaterplatz. Foto: Gernot Amelang

(2016) Hauptgebäude der ehemaligen Exportbrauerei Franz Erich. Heute ist hier das Haus Dreycedern e. V. am Altstädter Kirchenplatz 6. Foto: Gernot Amelang

(2021) Ehemaliges St. Georgen-Bräustübl, heute Allianz Hauptvertretung. Altstädter Kirchenplatz 5/Ecke Theaterplatz. Foto: Gernot Amelang

(2022) Ehemaliges St. Georgen-Bräustübl. Altstädter Kirchenplatz 5/Ecke Theaterplatz (erbaut 1755, verändert 1896). Foto: Gernot Amelang

(2022) St. Georgen-Bräustübl. Altstädter Kirchenplatz 5 (Fachwerk, im Kern 1755, verändert 1896). Foto: Gernot Amelang

(2023) St. Georgen-Bräustübl, heute Allianz Hauptvertretung. Altstädter Kirchenplatz 5/Ecke Theaterplatz. Im Hintergrund die Altstädter Kirche. Rechts das Haus Dreycedern. Foto: Gernot Amelang

Brauerei Holzberger - 1786 bis 1899

Eckhaus zum Katholischen Kirchenplatz wurde 1786 erbaut, kurz darauf der Flügelbau am Katholischen Kirchenplatz und wenig später das Brauereigebäude. Johann Wörnlein, erster Besitzer der Brauerei, war Bierbrauer, Branntweinbrenner und Wirt. Zu seinem Brauhaus konnte Wörnlein 1791 auch noch einen Keller erwerben. Über diesem am östlichen Teil des Burgberges gelegenen Felsenkeller befand sich auch ein schöner, terrassenförmiger Garten. Dieser „Holzberger's Garten" war sehr beliebt, unter Schatten spendenden Bäumen ließ es sich gut sitzen. Einmal pro Woche gab dort die Erlanger Militärkapelle ein Konzert. Sonst wurde das selbst gebraute Bier hauptsächlich in der eigenen Wirtschaft ausgeschenkt. Dies scheint sich Mitte des 19. Jahrhunderts geändert zu haben, so brachte es Paul Eben 1848/49 auf immerhin einen Bierausstoß von 420 Hektoliter und übertraf damit etliche Erlanger Konkurrenten. Dennoch geriet der Betrieb 1854 in Konkurs und der Sudkessel blieb für vier Jahre kalt. Im Jahr 1858 kaufte Johann Holzberger, der zuvor Pächter der späteren Hertleinschen Brauerei gewesen war, die Brauerei. Es gelang ihm, den Bierausstoß zu steigern und eine Dampfmaschine anzuschaffen. Sogar am Export über die bayer. Landesgrenzen hinaus war er für einige Jahre beteiligt. 1874 wurden beispielsweise 222 Hektoliter ausgeführt. Das entsprach 0,2 % der Gesamtausfuhr, womit die Holzberger'sche die kleinste „Exportbrauerei" war. Bald war aber auch für Johann Holzberger und seine Brauerei der Rückgang des Exportgeschäftes spürbar. Die Erich-Bräu bewirtschaftete ihren Keller wieder selbst und die eigenen Exporte hörten bald ganz auf. So stellte sich für Christian Friedrich Holzberger die wirtschaftliche Situation keineswegs mehr rosig dar, als er die väterliche Brauerei übernahm. Angesichts des nachlassen-den Exportgeschäfts und der Konkurrenz durch die örtlichen Großbrauereien war es schließlich nicht verwunderlich, dass er 1899 zum letzten Mal Bier braute. Schon im Jahr darauf wurden die Betriebsgebäude zu Wohnungen umgebaut, nur das Gasthaus führte Christian Holzberger weiter.

Die Informationen wurden teilweise dem Buch „...ein Erlanger, bitte!" von Jochen Buchelt, Hans-Diether Dörfler und Martin Schieber (Verlag Junge & Sohn, 2000) entnommen.

(um 1890) Holzberger Restauration. Brauerei bis 1899, danach nur noch Restaurant. Neue Straße 50/Ecke Katholischer Kirchenplatz (erbaut Erdgeschoss 1786, Obergeschoss 1867).

(1912) Gymnasium „Abitura" beim Frühschoppen im Holzberger Restauration (Restaurant). Neue Straße 50/Ecke Katholischer Kirchenplatz.

(um 1912) Studenten der Verbindung Uttenruthia beim Frühschoppen im Holzberger Restaurant. Neue Straße 50/ Ecke Katholischer Kirchenplatz.

(um 1912) Die Studentenverbindung Uttenruthia beim Frühschoppen im Restaurant Holzberger. Neue Straße 50/Ecke Katholischer Kirchenplatz.

(um 1914) Die Uttenruthia-Studentenverbindung „lassen es mal wieder krachen“ beim Holzberger. Neue Straße 50/Ecke Katholischer Kirchenplatz.

(1920) Ehemals Restauration Christian Holzberger, heute Gaststätte „Kanapee“. Früher Haus-Nr. 688, heute Neue Straße 50/Ecke Katholischer Kirchenplatz.

(2021) Die Gaststätte „Kanapee“, ehemals Restauration Christian Holzberger. Neue Straße 50/Ecke Katholischer Kirchenplatz.
Foto: Gernot Amelang

(2021) Ehem. Restaurant Christian Holzberger, nun Gaststätte „Kanapee“. Neue Straße 50/Ecke Katholischer Kirchenplatz.
Foto: Gernot Amelang

Weinhandlung und Weinstube Julius Kach

Bei dem Eckhaus Kirchenstraße/ Engelstraße handelt es sich um einen zweigeschossigen Sandsteinbau mit Walmdach. Der Blick geht in die Kirchenstraße. Die barocke Fassade mit Ornamentgewänden entspricht der eines typischen Erlanger Bürgerhauses des 18. Jahrhunderts.

(um 1930) Weinstube Kach. Kirchenstraße 2/Ecke Engelstraße (erbaut 1754).

Das Gebäude in der heutigen Kirchenstraße 2 wurde 1754 von dem Maurermeister Georg Jacob Weyhing, Wirt des Gasthauses „Drei Lilien", erbaut. Weyhing, der die Weinschankgerechtigkeit ohne Schild noch während der Errichtung erhielt, verkaufte das Haus nach Fertigstellung an den Uhrmacher Johann Adam Erich. Nach dessen Konkurs erwarb der Superintendent Dr. Joachim Ehrenfried Pfeiffer das Gebäude am 18. Juli 1777 als Meistbietender. Johann Adam Erichs Sohn Georg Nicolaus, der wie sein Vater Uhrmacher war, kaufte die Weinschänke am 16. Februar 1786 von Pfeiffer zurück. Am 06. August 1799 übernahm Georg Nicolaus Erichs Witwe Anna Barbara das Anwesen, in dem ab 1797 auch eine Essigsiederei betrieben wurde.

Nachdem das Haus 1895 an Julius Kach (1870–1924) gelangt war, entwickelte es sich zu einem der führenden Speiselokale in Erlangen. 1924 übernahmen Julius Kachs Witwe Anna und Sohn Alexander das Wirtshaus mit angeschlossener Wein- und Spirituosenhandlung. In der dritten Generation unter Günter Kach wurde der Betrieb 1994 an Familie Paulus verkauft. Von 1998 bis 2001 war die Weinstube an Familie Feiler aus Muggendorf verpachtet. Danach folgten weitere Pächter, bis das Gasthaus 2013 geschlossen wurde.

Quelle: Tim Sünderhauf: Gasthäuser, Schenken und Tavernen im Erlangen des 18. Jahrhunderts. In: Heimatverein Erlangen und Umgebung e. V. (Hrsg.): Erlanger Bausteine zur fränkischen Heimatfor schung. Nr. 48, 2000, ISSN, S. 106.

(um 1930) Weinhandlung und Weinstube Julius Kach. Kirchenstraße 2/Ecke Engelstraße.

(um 1930) Weinhandlung und Weinstube Kach. Kirchenstraße 2 (erbaut 1754).

(2016) Weinhandlung und Weinstube Kach. Kirchenstraße 2 (erbaut 1754). Foto: Gernot Amelang

(2021) Weinhandlung und Weinstube Kach. Kirchenstraße 2/Ecke Engelstraße. Fotos: Gernot Amelang

(1920) Rechts: Gaststätte „Goldener Reichsadler". Kirchenstraße 6.

(um 1950) Rechts: Gaststätte „Goldener Reichsadler". Kirchenstraße 6 (erbaut 1737/38).

(1960) Rechts: Gaststätte „Goldener Reichsadler“. Kirchenstraße 6.

(1960) Rechts die Gaststätte „Goldener Reichsadler“. Um 1749 hieß das Gasthaus „Rotes Herz“. Die Straße wurde ab 1751 auch Roth-Herz-Gasse genannt. Bis 1884 trug sie auch mal den Namen Altstädter Kirchengasse, Kirchen Gaß oder Kefelsgasse. Kirchenstraße 6 (erbaut 1737/38).

Diese Bodenplatte ist vor dem Haus Kirchenstraße 6 zu sehen. Foto: Gernot Amelang

(2019) „Puzzles Bar“, ehem. Gaststätte „Goldener Reichsadler“. Kirchenstraße 6. Das Haus unterzog sich im 20. Jahrhundert einer Umbaumaßnahme. Foto: Gernot Amelang

(2022) Seit 2022 Anna’s Bistro & Bar, vormals „Puzzles Bar“. Ehemalige Gaststätte „Goldener Reichsadler“. Kirchenstraße 6 (erbaut 1737/38). Foto: Gernot Amelang

Seit mehr als 300 Jahren gibt es den Familienbetrieb „Bäckerei Trapper“ in Erlangen

Nach vielen Jahren in der Kirchenstraße 12 in Erlangen zog der Stammsitz des Betriebes 1972 nach Alterlangen in die Schallershofer Straße 72.

Aus der Bäckerei von Johannes Stark wurde Bäckerei Trapper. Kirchenstraße 12 (erbaut 1711).

Bäckerei Trapper. Hier wurden nicht nur Backwaren verkauft, sondern auch Tabak und Zigaretten. Kirchenstraße 12.

Backstube der Bäckerei Trapper. Kirchenstraße 12.

(2016) Bäckerei Trapper.
Kirchenstraße 12.
Foto: Gernot Amelang

(2016) Bäckerei Trapper.
Kirchenstraße 12.
Fotos: Gernot Amelang

(2016) Bildmitte: Bäckerei Trapper in der Kirchenstraße 12. Links das ehem. Gasthaus „Scharfes Eck".
Foto: Gernot Amelang

Der Theaterplatz

(seit 1884 Theaterplatz, früher Geismarkt)

(1880) Bäckerei und Melberei (Mehlhandlung) von Friedrich Herzog. Theaterplatz 14 (erbaut 1755/56).

(2021) Vormals Bäckerei und Melberei von Friedrich Herzog. Theaterplatz 14 (erbaut 1755/56). Foto: Gernot Amelang

Brauerei „Goldene Harfe“ – 1814 bis 1900

Die „Goldene Harfe“ ist heute eines der ältesten und traditionsreichsten Gasthäuser Erlangens. Sogar die Straße, an der sie liegt, wurde nach ihr benannt. Was wenig bekannt ist: In dem ehrwürdigen Gemäuer an der Harfenstraße wurde nicht immer nur Bier ausgeschenkt, sondern für einige Jahrzehnte auch gebraut. Daran hatten die Erbauer des Hauses, der Strumpfwirker Georg Friedrich Steubesand und der Zimmermeister Johann David Haselmann, aber noch nicht gedacht. Zudem hatten sie genug Schwierigkeiten mit dem Bau: Obwohl sie sich 1753 zur Finanzierung des teuren Eckbaus erfolgreich die Taberngerechtigkeit vom Bayreuther Markgrafen erbeten hatten, ging ihnen während des Baus das Geld aus. Daraufhin mussten sie den Rohbau an Georg Nicolaus Weyh verkaufen, der dann das fertige Gasthaus bis 1792 führte. Sein Nachfolger Johann Adam Knab scheint nicht so erfolgreich gewesen zu sein, denn 1813 machte er Konkurs. Das Anwesen verkaufte sein Gläubiger von Buirette v. Oehlefeldt an den Bierbrauergesellen Georg Leonhardt Kropf, mit dem die Geschichte der Brauerei beginnt. Kropf wollte ursprünglich sein Bier im Gemeindebrauhaus sieden, das aber gerade (die Tinte unter dem Kaufvertrag war noch nicht getrocknet) zumachte. Und Kropf war weiter nicht vom Glück verfolgt: In mehreren erfolglosen Gesuchen bat er in München um die Erteilung einer Brauereikonzession. Zwischen 1810 und 1818 war nämlich das königlich-bayerische Innenministerium zentral für die Erteilung von Konzessionen zuständig, ehe man mit dem Gemeindeedikt von 1818 die Gemeinden vor Ort selber entscheiden ließ. Nach mehreren Ablehnungen hielt Georg Leonhardt Kropf schließlich doch noch im Mai 1814 die Konzession zum Betrieb einer Brauerei in Händen. Ausgerechnet im Mai war doch da gerade die Brausaison im Winter und Frühjahr vorbei. Die Braukonzession erlaubte jedoch nur das Verzapfen des gebrauten Bieres, nicht aber den Verkauf an andere Wirte. Die Erlaubnis, das Bier auch fassweise zu verkaufen, bekam er erst 1818. Der Betrieb lief tadellos und Kropf komplettierte seine Sudstätte 1838 mit einem Lagerkeller am Burgberg. Sohn Friedrich war sogar mehrere Jahre Vorsteher des Erlanger Bierbrauergewerbes. Nach dem Tod Georg Leonhardts verkaufte er 1853 die Brauerei und zog als angesehener Brauer nach Leipzig. Gaststätte und Hausbrauerei wechselten noch zweimal den Besitzer, ehe Anfang der 1870er-Jahre Fritz Tauber beides kaufte. Doch musste er 1883 den Braubetrieb einstellen, während er die „Goldene Harfe" weiter betrieb. Die Brauereieinrichtung blieb intakt, sodass Taubers Nachfolger Ernst Zimmermann 1895 nochmals zu brauen anfangen konnte. Schon fünf Jahre später ruhte der Betrieb schon wieder, diesmal endgültig. Sein selbst Gebrautes war einfach nicht konkurrenzfähig gewesen. Im Gegensatz zur „Goldenen Harfe" selbst, die sich damals wie heute großer Beliebtheit erfreut.

Die Informationen wurden teilweise dem Buch „...ein Erlanger, bitte!" von Jochen Buchelt, Hans-Diether Dörfler und Martin Schieber (Verlag Junge & Sohn, 2000) entnommen.

Detailansicht: Restauration (Restaurant) „Zur Harfe", später „Goldene Harfe" am Theaterplatz 15/Ecke Harfenstraße (erbaut 1752/53).

(Postkarte von 1902) Am Theaterplatz. Links neben der Restauration „Zur Harfe" lagen Wellers Brauhaus und Restauration. Theaterplatz 15/Ecke Harfenstraße.

(um 1903) Theaterplatz. Rechts: Restauration „Zur Harfe". Theaterplatz 15.

(um 1910) Theaterplatz. Rechts: Restaurant „Zur Harfe". Theaterplatz 15. Links: neben der Harfe die Restauration Weller. Theaterplatz 16.

(2022) 112 Jahre später der Blick zur Altstädter Kirche und Restaurant „Goldene Harfe". Theaterplatz 15/Ecke Harfenstraße. Foto: Gernot Amelang

(1920) Gasthaus „Goldene Harfe". Theaterplatz 15/Ecke Harfenstraße. 1776 Commershaus der Landmannschaft Franconia sowie Kneipe der Akademischen Turnverbindung Teutonia (erbaut 1752/1753). Ab 1822 hieß die Straße Harfengasse. Die amtliche Bezeichnung Harfenstraße erfolgte 1884. Die Harfenstraße nennt sich nach dem Gasthaus „Zur Harfe". Das Gasthaus wechselte immer wieder ihren Namen.

Schon seit Ende des 18. und im Laufe des 19. Jahrhunderts war die „Goldene Harfe" (Inhaber: Hans Saybold) ein viel besuchtes Gasthaus von Studenten, Landsmannschaften und Burschenschaften. Seit 1958 gehört das Gebäude mit dem noch immer unter seinem traditionellen Namen existierenden Restaurant der Katholischen Studentenverbindung Gothia Erlangen.

(um 1930) Gasthaus „Zur Harfe". Theaterplatz 15/Ecke Harfenstraße (erbaut 1752/1753). Rechts im Bild, das „Rokokohaus". An der Ecke eine „OLEX BP" Tanksäule.

Diese Bodenplatte ist vor dem Haus Theaterplatz 15/Ecke Harfenstraße zu sehen. Foto: Gernot Amelang

(2016) Gasthaus „Goldene Harfe". Der Eingang des Gasthauses wurde vom Theaterplatz in die Harfenstraße verlegt. Theaterplatz 15/Ecke Harfenstraße. Foto: Gernot Amelang

(1910) Theaterplatz, ehemals Geismarkt. Die Altstädter Dreifaltigkeitskirche in der Bildmitte. Rechts: Brauerei Erich-Bräu und das Erich-Haus.

(1912) Theaterplatz.

(1913) Theaterplatz. Bis 1848 hieß der Platz Geismarkt. Hier feierte man Feste und nutzte den Platz für Jahrmärkte.

(um 1916) Theaterplatz. Ab 1884 verströmte ein Palmengarten südliches Flair. In den 1970er-Jahren wurde daraus eine Parkfläche.

(um 1930) Theaterplatz.

(Postkarte von 1940) Theaterplatz. Einer der ersten beiden Kinderspielplätze Erlangens wurde 1919 hier angelegt. Schon bald nach dem Bau der ältesten Wasserleitung Erlangens ließ die Stadt eigens einen Trinkbrunnen für Kinder errichten, der nach 1945 entfernt wurde.

(um 1950) Theaterplatz. Seit Anfang der 70er-Jahre wird der Theaterplatz als Parkfläche genutzt.

(2017) Theaterplatz.
Foto: Gernot Amelang

(2017) Theaterplatz. Werbung für das Restaurant „Trattoria Bruno" in der Schiffstraße 14.
Foto: Gernot Amelang

(2017) Theaterplatz/Ecke Harfenstraße. Geradeaus: Gasthaus „Goldene Harfe" und rechts das Hotel „Rokoko-Haus".
Foto: Gernot Amelang

(1902) Restauration „Zum Fuchsen", ansässig am Theaterplatz 9. (erbaut 1729). Als „freie Innung" schlossen sich am 06. April 1913 elf Meister des Bauhandwerks im Gasthaus „Zum Fuchsen" zusammen. Sie legten damit den Grundstein für die Erlanger Bauinnung, die in ihrem 100. Jubiläumsjahr 62 Mitglieder umfasst. Seit ihrer Gründung übernimmt sie erfolgreich vielfältige Aufgaben für ihre Mitglieder und vertritt deren Interessen. Die Bauinnung befindet sich in der Friedrich-List-Straße 1. Aus dem Restaurant „Zum Fuchsen" wurde die „Altmann's Stube".

(1902) Restaurant „Zum Fuchsen", heute „Altmann's Stube". Theaterplatz 9.

(2017) Ehemaliges Gasthaus „Zum Fuchsen", heute „Altmann's Stube", Hotel & Restaurant. Theaterplatz 9 (erbaut 1729). Foto: Gernot Amelang

(2021) Ehemaliges Gasthaus „Zum Fuchsen", heute „Altmann's Stube", Hotel & Restaurant. Neuer Schriftzug an der Hausfassade. Theaterplatz 9 (erbaut 1729). Foto: Gernot Amelang

Das Rokoko-Haus

Zwischen 1755 und 1760 errichteten der Strumpfwirker Georg Friedrich Stäubesand und der Zimmermeister Johann David Haselmann das Gebäude am Geismarkt (heute Theaterplatz). In der Folgezeit gehörte es insgesamt mehr als 15 Eigentümern. Die Überlieferung, das Haus sei als Jagdschloss der im Markgrafenschloss residierenden Markgräfin Sophie Caroline Marie von Brandenburg-Bayreuth erbaut worden, erwies sich als Legende. Stattdessen ging das „Rokoko-Haus" 1762 in den Besitz einer Frau Starkgräfin, geborene Deckerin, über. 1768 gelangte es an den Reichspostmeister Ruprecht Wels, in dessen Familie es vererbt wurde. Das Anwesen wechselte in der Folgezeit durch Erbfolge häufig den Besitzer. So gelangte es in die Hände von Frau Kunigunde Eleonore Kraft, der Tochter von Frau Gertraud Barbara Wels. Diese vermachte es ihrem Neffen, Herrn Magistratskanzlist Albrecht Heinrich Julius Wels. Danach wurde es im Intelligenzblatt der Stadt Erlangen vom 16.12.1851 zum Verkauf angeboten. Der nächste erwähnte Besitzer war dann Johann Adam Bertholdt, ab 1856 Privatier. Um 1870 bis 1875 wird im Adressbuch von 1875 Johann Adam Hildebrand, Handschuhfabrikant, als Besitzer genannt. Zwischenbesitzer war dann laut Bauakte 1876 Herr Konrad Dietz, von Beruf Handschuhfärber. Der Bäcker Friedrich Herzog erwarb das Anwesen um 1876/77. Herr Herzog verkaufte das „Rokoko-Haus" 1878 wieder an Herrn Anton Götz, Melber und Spezereihändler. Dieser behielt das „Häuschen" von 1878 bis 1896 durch Vererbung in seiner Familie. Danach erwarb es die Familie Reich, die es von 1896 bis 1951 durch Vererbung in Familienbesitz hielt. Im Jahre 1951 erwarb der aus dem Sudetenland stammende Geigenbauer Artur Teller das „Rokoko-Haus" und übte dort bis 1960 sein Handwerk aus. Er ließ das inzwischen baufällig gewordene Haus 1966 unter Beibehaltung der denkmalgeschützten Fassade mit Hilfe des Architekten Paul Kupfer wieder aufbauen und richtete darin das Hotel ein, das bis heute von seinen Nachkommen, der Familie Krettner, betrieben wird. Fast alle hier aufgeführten Besitzer waren Nachfahren der 1686 nach Erlangen eingewanderten Hugenotten. Namentlich gibt es in Erlangen nur noch zwei Familien, die von Hugenotten abstammen, nämlich die Familien Mengin und Vache. Auch der Urgroßvater väterlicherseits der Familie Krettner, Herr Georg Mechs, von Beruf Zimmermann, stammte von Hugenotten ab.

(1925) Haus der Familie Reich. Seit 1966 Hotel „Rokoko-Haus". Theaterplatz 13 (erbaut 1760).

(2013) Hotel „Rokoko-Haus". Theaterplatz 13. Foto: Loebe J. E.

(2016) Hotel „Rokoko-Haus". Theaterplatz 13. Foto: Gernot Amelang

Brauerei Weller Erlangen eG

Die Geschichte der Brauerei Weller

Als das seit 1710 bestehende Altstädter Gemeindebrauhaus wegen technischer Überalterung langsam, aber sicher seinem Ende entgegensah, suchten sich eine ganze Reihe von Erlanger Wirten, die bis dahin ihr Bier an der Wöhrstraße unter städtischer Aufsicht produzieren ließen, nach zukunftsweisenden Perspektiven. 1811 richtete der Bierbrauer und Essigsieder Johann Adam Erich, der Onkel von Johann Ludwig Franz Erich, dem Namensgründer der Brauerei Erich, im Gasthaus „Zum goldenen Engel", das er im selben Jahr erworben hatte, eine Brauerei ein. Gleichzeitig erhielt er die Genehmigung für den eigenen Gebrauch im Haus Bier zu sieden und auszuschenken. Die Brauerei war also zunächst eine für Erlangen typische, an eine Gastwirtschaft angeschlossene Hausbrauerei. Zunächst durfte er nur für den eigenen Ausschank brauen, später bekam er auch die Erlaubnis, sein Fassbier an Abnehmer außerhalb des Hauses zu verkaufen. Gelagert wurde der Gerstensaft im Felsenkeller am Burgberg, der zur Brauerei gehörte. Heute unter dem Namen „Weller Keller" ein Begriff für jeden Bergkirchweihbesucher ist. Oberhalb des Kellerhäuschens befand sich im 19. Jahrhundert auch der hauseigene Hopfengarten. 1868 kaufte Adam Weller das gut gehende Gasthaus mit der Brauerei, die mit ihrem beliebten Versandbier auch am außerbayerischen Bierexport Erlangens beteiligt war. Schließlich war die Universitätsstadt aufgrund der kalten Burgbergkeller, der untergärigen Brauweise, dem hervorragenden Keupergrundwasser und einem stadtnahen Anbau von Sommergerste und Hopfen weltweit für ihr gutes Bier bekannt. 1877 übernahm der Sohn des Käufers, der Bierbrauer Hans Weller, den Betrieb und steigerte den Bierexport über die bayerischen Grenzen hinaus. Auf dieser positiven wirtschaftlichen Basis gestaltete er 1883/84 das Gesamtanwesen völlig um. Weller investierte in ein neues Brauhaus an der Neuen Straße. Den Gastronomiebetrieb, jetzt „Wellerei" genannt, verlegte er in das Anwesen Theaterplatz 16. Das Gebäude Theaterplatz 17 wurde zu einem stattlichen Wohnhaus umgebaut. Nachdem Johann Weller die Brauerei 34 Jahre lang geführt hatte, wurde im ersten Quartal 1911 nach genau 100 Jahren an der Neuen Straße 13 zum letzten Mal ein Sud Bier gebraut. Am 27. Mai 1911 meldete er die Brauerei aus dem Gewerbeverzeichnis ab. Grund dafür war der mit dem Rückgang des Bierexportes einsetzende Zusammenschluss einiger Brauereien im Erlanger Braugewerbe. Noch im gleichen Jahr schloss die Gaststätte „Weller's Restauration" ebenfalls. 2013 wurde die Brauerei (Gasthausbrauerei) Adam Weller Erlangen als Brauerei Weller Erlangen eG in der Thalermühle 1 durch den Ururenkel von Adam Weller, Hans Kurt Weller, neu gegründet.

(1902) Die „Wellerei" (Haus in der Mitte). Theaterplatz 16 u. links daneben die Nr. 17.

Die Informationen wurden teilweise dem Buch „...ein Erlanger, bitte!" von Jochen Buchelt, Hans-Diether Dörfler und Martin Schieber (Verlag Junge & Sohn, 2000) entnommen.

(2016) Rechts: Ehemaliges Weller-Anwesen, Gastronomiebetrieb und Wohnhaus. Rechts von unten nach oben gesehen. Theaterplatz 16 und 17. Foto: Gernot Amelang

(2021) Ehemaliges Weller-Anwesen. Theaterplatz 17 (erbaut um 1860/70). Foto: Gernot Amelang

(2021) Ehemals Brauerei Weller. Neue Straße 13 (erbaut Erdgeschoss 1731, Obergeschoss 1825). Foto: Gernot Amelang

(2022) Ehemalige Restauration Weller („Wellerei“). Theaterplatz 16. Foto: Gernot Amelang

Der „Weller-Keller“ am Erlanger Burgberg (erbaut 1768).

*(2021) Der „Weller-Keller“ am Erlanger Burgberg.
Foto: Gernot Amelang*

Brauerei
Weller
Erlangen

*(2021) Rechts der „Weller-Keller“ am Erlanger Burgberg. Völlig verändert und umgebaut.
Foto: Gernot Amelang*

*(2021) Auf dem Gelände der Bergkirchweih v. l. n. r.: „Tucher Keller“, „Hartmann‘s Keller“ und der „Weller-Keller“. Burgberg.
Foto: Gernot Amelang*

Die Thalermühle in Erlangen

Die Thalermühle an der Regnitz ist ein über 100 Jahre altes Anwesen direkt an der Regnitz in Erlangen. Das alte Wasserkraftwerk ist heute noch in Betrieb und unterstreicht die geschichtsträchtige Atmosphäre. Die Thalermühle wurde 1704 erbaut und diente ursprünglich als Pumpwerk für die Wasserspiele im Erlanger Schlossgarten. Seit Anfang des 20. Jahrhunderts wird das Gebäude als Elektrizitätswerk genutzt. Das 1704 als Pumpwerk „Sophienmühle" (benannt nach der Markgräfin Sophie von Bayreuth) gegründete Kraftwerk lieferte einst den Wasserdruck für die Fontänen im Schlossgarten und wurde von Johann Thaler auch als Getreidemühle genutzt. 1908 wurde die Mühle zum „Elektrizitätswerk" umgebaut. Ursprünglich mit einer Dampfmaschine betrieben, wurde 1921 wegen Schwierigkeiten bei der Steinkohleversorgung eine Francis-Schachtturbine installiert. Aus heutiger Sicht kaum vorstellbar, versorgte die Thalermühle damals als Überlandkraftwerk zahlreiche umliegende Gemeinden mit Strom. Da es mit der Wöhrmühle immer wieder zu Streitigkeiten wegen der Wassernutzung kam, kaufte der Thalermühlenbesitzer 1925 die Wöhrmühle, legte sie still und baute die Thalermühle weiter aus. 1999 führte die RSV (Regnitz Stromverwertung AG) umfangreiche Sanierungsarbeiten an der Thalermühle durch. So wurde die Rechenreinigungsmaschine erneuert, der Einlauf optimiert und die Grundablass-Schützen saniert. Insgesamt investierte die RSV damals rund 600.000 DM (306.775 Euro).

(um 1900) Die Thalermühle. Thalermühle 1 (erbaut 1704).

(um 1900) Die Thalermühle.
Thalermühle 1.

(um 1900) Die Thalermühle.
Thalermühle 1.

(um 1900) Die Thalermühle als elektrische Überland-Zentrale.
Thalermühle 1.

(1903) Blick von der Regnitz auf die Thalermühle nach dem verheerenden Brand. Thalermühle 1.

(2020) Eröffnung der Gasthausbrauerei „Thalermühle" am 04.09.2019. Thalermühle 1. Foto: Gernot Amelang

(2020) Gasthausbrauerei „Thalermühle" der Brauerei Weller eG. Thalermühle 1. Foto: Gernot Amelang

(2020) „Thalermühle“. Die Gasthausbrauerei der Brauerei Weller eG. Thalermühle 1. Foto: Gernot Amelang

(1934) Theaterplatz. Mit Natureis beladene Pferdefuhrwerke ziehen über den Theaterplatz zur Erich-Brauerei am Altstädter Kirchenplatz. Das Eis holte man vom Ludwigskanal sowie aus den Rudelsweihern und diente zur Kühlung des Biers.

(um 1941) Theaterplatz. Geradeaus das Markgrafentheater. Foto: Ernst Deuerlein

Das Erlanger Markgrafentheater

Das Theater wurde von 1715 bis 1719 im Auftrag des Markgrafen Georg Wilhelm von Brandenburg-Bayreuth als Opern- und Komödienhaus erbaut. Am 10. Januar 1719 wurde das Theater mit der Oper „Argenis und Poliarchus" eröffnet. Gemeinsam mit dem 1718/19 errichteten Redoutensaal und dem 1721/22 angebauten „Langen Haus" war das Markgrafentheater das letzte höfische Gebäude Erlangens. Drei Kupferstiche von Johann Baptist Homann aus dem Jahr 1721 (siehe Seite 165 und 166) geben einen Eindruck von der ursprünglichen Gestaltung des Theaters. Das erste Bild zeigt die Bühne, die mit einem korbbogenförmigen Portal vom Zuschauerraum getrennt war, befand sich ein breiter Orchestergraben. Das tiefer gelegte Parkett war mit einfachen Holzbänken ausgestattet. Die über mehrere Außentreppen erreichbaren Logen waren vermutlich herrschaftlichen Personen vorbehalten.
1736, unter Markgraf Friedrich und ein Jahrzehnt nach dem Tod des opernfreudigen Markgrafen Georg Wilhelm, wollte man das Theater in ein Salzmagazin oder vielleicht in eine Reitschule umwandeln. Auf Wunsch von dessen Gemahlin Wilhelmine, die Schwester des Preußenkönigs Friedrich II., wurde in den Jahren 1743/44 der Innenraum behutsam im Stil des Rokokos durch den italienischen Theaterarchitekten Giovanni Paolo Gaspari unter teilweiser Verwendung der vorhandenen Bausubstanz neu gestaltet. Die Einweihung des neuen Theaters wurde 1744 mit einer Oper gefeiert. Viele durchziehende Künstler aus aller Welt waren fortan hier zu Gast. Durch die Siege Napoleons ging das Fürstentum Bayreuth zunächst an Frankreich, mit der 1810 erfolgten Übernahme des Fürstentums Bayreuth durch das Königreich Bayern kam das Theater in dessen Besitz. 1817 schenkte der spätere König Ludwig I. von Bayern das Theater mit dem benachbarten Redoutensaal der Erlanger Universität; das Theater wurde „Königliches Universitätsspielhaus". 1838 erfolgte der Verkauf des Theaters für 4.280 Gulden an die Stadt Erlangen. Nach Renovierungsarbeiten wurde es am 04. Dezember 1838 als Erlanger Stadttheater wiedereröffnet. 1891/92 kam es bei der Sanierung des Innenraums zu zahlreichen kleineren Veränderungen und zur Neugestaltung der Decke, die von Gottfried Pfannenmüller mit großen Figuren der vier Musen bemalt wurde. 1903 wurde das von 1876 bis 1933 vom gVe (gemeinnütziger Verein in Erlangen) geführte Haus elektrifiziert. Im „Dritten Reich" wurde der Name des gVe umgeändert zur „Deutschen Bühne Ortsgruppe Erlangen" und ab 1937 in die Freizeitvereinigung „Kraft durch Freude".
1956 wurde der Spielbetrieb wegen Baufälligkeit des Gebäudes eingestellt. Das Markgrafentheater musste sich einem Komplettumbau unterziehen und wurde 1959 mit der „Hochzeit des Figaro" wiedereröffnet.
Ab 1973 kam es zum Aufbau eines eigenen städtischen Theaterensembles. Das Haus wird seitdem im sogenannten „Drei-Säulen-Modell" mit Eigenproduktionen, Gastspielen und Konzerten betrieben. 1998 bis 2000 erfolgte die letzte umfangreiche Renovierung, wobei unter anderem die Bestuhlung von 616 auf 570 Plätze reduziert und der Dachstuhl gesichert wurde.

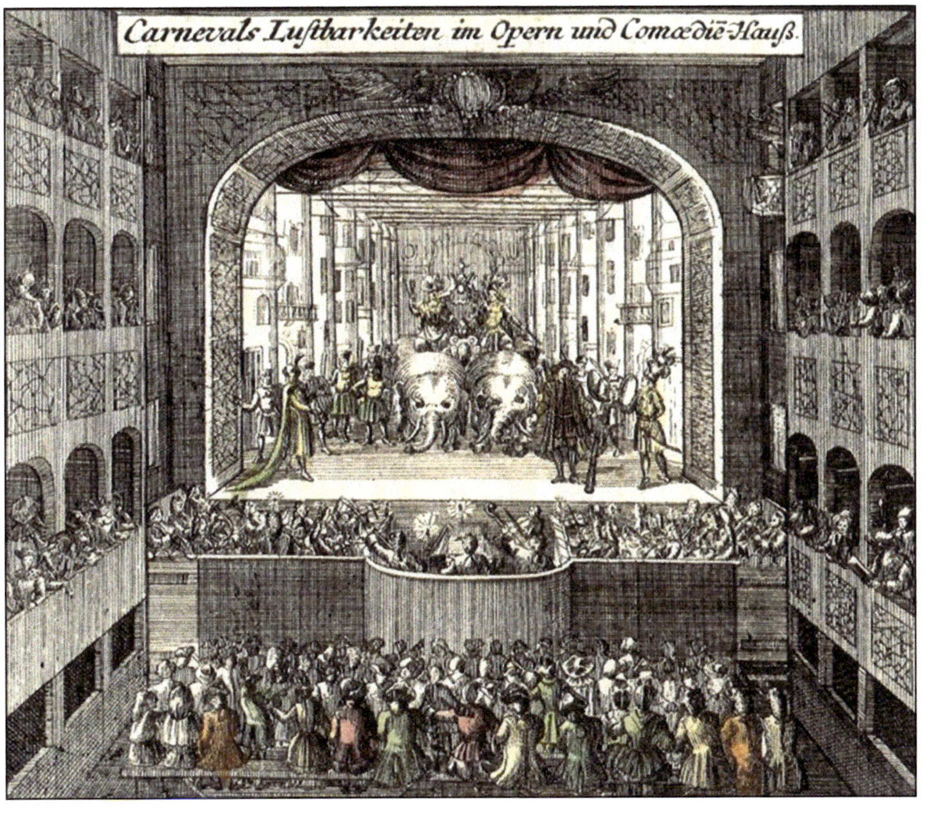

(1721) Theaterinnenraum des Markgrafentheaters in Erlangen. Auf der Bühne ist ein eindrucksvoller Triumphwagen zu sehen, gezogen von zwei Elefanten. Ob es sich aber tatsächlich um lebende Tiere oder um Pappmaschee handelt, ist nicht bekannt. Theaterplatz 2. Der Kupferstich ist von Johann Baptist Homann.

(1721) 1. „Langes Haus", Marstall (Pferdestall eines Fürsten), 2. Redoutensaal (Ballsaal) und 3. Opernhaus (Markgrafentheater). Theaterplatz 1 und Theaterplatz 2. Kupferstich: Johann Baptist Homann

(1721) „Carnevals Lustbarkeiten im Opern- und Codien-Haus", Redoutensaal. Markgrafentheater. Theatherplatz 1 und Theaterplatz 2. Kupferstich: Johann Baptist Homann

(1900) Markgrafentheater. Theaterplatz 2 (erbaut 1715–1719).

(1938) Redoutensaal. Rektoratswechsel an der Friedrich-Alexander-Universität Erlangen-Nürnberg. Gauleiter Julius Streicher spricht zum scheidenden Rektor der Universität, Prof. Fritz Wilhelm Specht und zum neuen Rektor Prof. Hermann Ludwig Wintz. Der Redoutensaal ist ein barocker Festsaal aus dem Jahr 1750 im Herzen der Erlanger Altstadt, in unmittelbarer Nähe zum Markgrafentheater und zum Schlossgarten. Theaterplatz.

(1938) Redoutensaal. Links: Julius Streicher, ab 1925 NSDAP-Gauleiter von Mittelfranken und Herausgeber der Wochenzeitung „Der Stürmer". 2. von links: Prof. Wintz, 3. von links: Prof. Specht. Theaterplatz.

(1954) Ingrid Bergman bei Dreharbeiten im Markgrafentheater. Sie war eine schwedische Schauspielerin. Die dreifache Oscar-Preisträgerin gilt als eine der bedeutendsten und populärsten Schauspielerinnen der Filmgeschichte. Theaterplatz 2. Foto: Rudi Strümpel

(1958) Umbau am Innenraum des Markgrafentheaters. Theaterplatz 2. Foto: Rudi Strümpel

(2009) Das Markgrafentheater. Theaterplatz 2 (erbaut 1715–1719). Foto: Jochen Quast

(2009) Das Markgrafentheater. Theaterplatz 2.

(2016) Der Eingang des Markgrafentheaters. Theaterplatz 2. Foto: Gernot Amelang

(2016) Der Redoutensaal. Theaterplatz 1.

(um 1890) Ehemaliges Examinatorhaus (Pflasterzoll-Haus). Harfenstraße 13 (erbaut 1843).

Foto: Gernot Amelang

(2015) Ehemaliges Examinatorhaus. Harfenstraße 13 (erbaut 1843). Foto: Loebe J. E.

(um 1890) Zimmermeister Geog Hartmann und Ehefrau Kunigunde mit Gesellen und Baugehilfen auf dem Zimmererplatz. Harfenstraße 17.

(1890) Z. Baßler Tüncher-Meister (Tünchen: Wände mit Kalk bestreichen). Tünchergesellen mit Wagen und Arbeitsgerät. Vor der Haustür Zephanias Baßler, daneben links seine Frau. 2. Person links vom Bildrand mit Schirmmütze ist dessen Sohn und Geschäftsnachfolger Georg Baßler. Harfenstraße 19.

Knabenhort „Haus Sonnenblume“

(um 1900) „Haus Sonnenblume“ davor die Schmid-Schwarzenberg-Büste. Der Volkserziehungsverein baute 1872 in der Loschgestraße 11 den ersten deutschen Knabenhort. Das Gebäude trug den Namen „Haus Sonnenblume“. Hier wurden Hausaufgabenbetreuung und Verköstigung angeboten. Im Vorgarten würdigte seit 1892 eine Bronzebüste den Mitbegründer des Hortes, den Erlanger Universitätsprofessor Franz Xaver Schmid-Schwarzenberg. Im Jahr 1966 wurde das Haus abgerissen. Von 1967 bis 2018 befand sich die Büste im Garten des Kinderhorts „Sonnenblume“ in der Reinigerstraße 7.

(1961) Ehemaliger Knabenhort „Sonnenblume“. Nach der Auflösung des Vereins Sonnenblume 1938 wurde das Gebäude von der Stadt Erlangen erworben. Bis 1941 wurde es von der Nationalsozialistischen Volkswohlfahrt (NSV) genutzt. Da es an der Universitätskinderklinik an Unterkünften für Schwesternschülerinnen mangelte, bat der Direktor der Universitätskinderklinik, Albert Viethen, den Erlanger Oberbürgermeister Groß, die Räume der „Sonnenblume“ zur Verfügung zu stellen. 1941 wurde diesem Wunsch entsprochen und zusätzlich eine Schule für Kinderkrankenschwestern eingerichtet. Loschgestraße 11 (erbaut 1872).

(1892) Enthüllung der Bronze-Büste für den Gründer des ersten deutschen Knabenhorts „Haus Sonnenblume", Prof. Franz Xaver Schmid-Schwarzenberg. Loschgestraße 11.

(1892) „Haus Sonnenblume", Loschgestraße 11. Die alten Hausnummern Loschgestraße 9 und 11 gibt es nicht mehr.

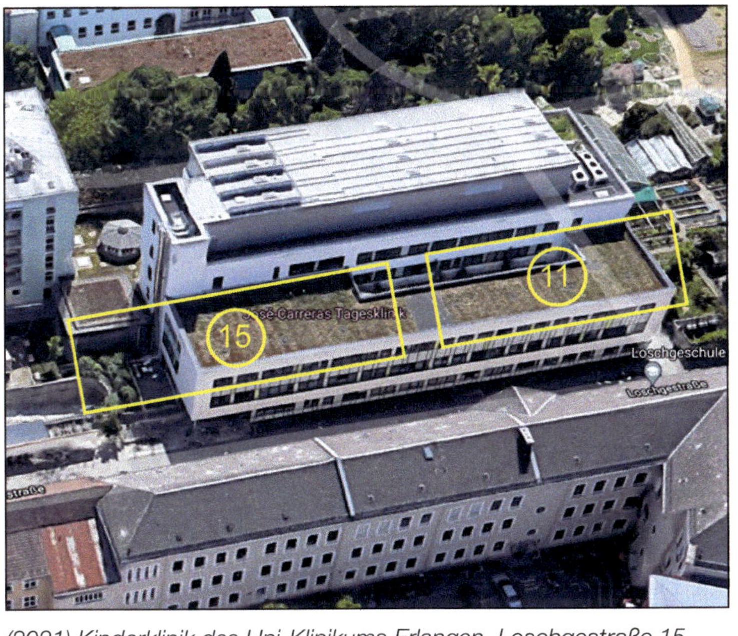

(2021) Kinderklinik des Uni-Klinikums Erlangen. Loschgestraße 15. Hier stand einmal das „Haus Sonnenblume", ehm. Loschgestraße 11. Und das ehemalige Lazarett in der Loschgestraße 15.

(2017) Städtischer Kinderhort in der Reinigerstraße 7. Nach dem Umbau des Kinderhorts wurde die Büste von der Stadt eingelagert. Die Büste von Schmid-Schwarzenberg stand früher vor dem Knabenhort „Haus Sonnenblume" in der Loschgestraße 11. Foto: Gernot Amelang

(1941) Ehemalige „Lilienkaserne". Heim der Hitler-Jugend. 1963 abgerissen für den Neubau der Universitäts-Kinderklinik. Loschgestraße 15.

(1962) 1797 wurde das Haus von der preußischen Regierung als Lazarett erbaut, diente dann 50 Jahre lang als Armenhaus und Spital. Ab 1945 kurzzeitig von den Siemens-Schuckert-Werken als Verwaltung genutzt. Bis 1963 wurde das Gebäude auch als Kinderklinik genutzt, dann wurde es für den Neubau der Universitäts-Kinderklinik abgerissen. Loschgestraße 15.

(1962) 1797 als Lazarett erbaut und ab 1820–1930 als Altersheim genutzt. Im Dritten Reich „Lilienkaserne", Heim der Hitler-Jugend. 1963 abgerissen für den Neubau der Universitäts-Kinderklinik. Loschgestraße 15.

(1920) Klassenfoto der Loschge-Schule. Loschgestraße 10.

(2021) Loschge-Grundschule. Loschgestraße 10, links ist die Turnstraße. Foto: Gernot Amelang

Gedenktafel für den von Franz Xaver Schmid-Schwarzenberg gegründeten Knabenhort „Sonnenblume" gegenüber seines ehemaligen Standortes in der Loschgestraße 11. Foto: Gernot Amelang

(2016) Kleinhaus aus dem 18. Jahrhundert. Theaterplatz 3/Ecke Loschgestraße (erbaut um 1775). Foto: Gernot Amelang

Diese Bodenplatte ist vor dem Haus Loschgestraße 8 zu sehen. Foto: Gernot Amelang

(2022) In diesem Haus befand sich vor 1749 bis zur Schließung 1860 das Gasthaus „Drei Lilien". Loschgestraße 8. Von 1822–1881 führte die Straße den Namen Lilien Gasse oder auch Liliengasse. Seit 1882 ist die amtliche Bezeichnung Loschgestraße. Foto: Gernot Amelang

Botanischer Garten

Der Botanische Garten der Universität befand sich ursprünglich vor dem Nürnberger Tor. Ab 1826 wurde der knapp 2 Hektar große Botanische Garten an seiner jetzigen Stelle an der Nordseite des Schlossgartens mitten im Stadtzentrum Loschgestraße 1–3 verlegt. Hier werden heimische und ausländische Pflanzen nach wissenschaftlichen Grundsätzen angebaut. Rund 7.000 verschiedene Pflanzen stammen aus den unterschiedlichsten Regionen - von der arktischen Tundra bis zum tropischen Regenwald.

(1910) Das Hofgärtnerhaus im Botanischen Garten. Loschgestraße 1–3.

Hans Solereder, Leiter des Botanischen Instituts von 1901 bis 1920.

Das Botanische Institut im Botanischen Garten. Loschgestraße 1–3 (erbaut 1892).

(1925) Das Botanische Institutsgebäude mit Hörsaal konnte 1892 bezogen werden. Loschgestraße 1–3.

Die Neischl-Höhle

Adalbert Neischl zeigte 1906 auf der Bayerischen Jubiläums-Landesausstellung im späteren Nürnberger Luitpoldhain eine Nachbildung einer Jura-Höhle. Sein Beitrag wurde von Experten hoch gelobt und aus dem Wunsch heraus, die geologische Struktur langfristig zu erhalten, wandte er sich an die Universität Erlangen mit der Bitte, die Schichtstruktur der Höhle und des Botanischen Gartens in modifizierter Form zu rekonstruieren. Die Universitätsverwaltung fragte bei dem zuständigen damaligen Innenministerium nach, ob sie das Geschenk annehmen dürfe. Als dann Neischl auch die Kosten für die Verlegung nach Erlangen übernahm, wurde die Höhle im Botanischen Garten aufgebaut und am 04. November 1907, dem 164. Stiftungstag der Universität, feierlich eröffnet. Für den Unterhalt der Anlage übergab Neischls Witwe im Jahre 1911 der Universität 5.000 Mark. Eine eingehende Sanierung der gesamten Anlage wurde im Jahr 2005 vorgenommen. 100 Jahre nach ihrer Errichtung ist sie wieder für Besucher zugänglich.

(um 1910) Neischl-Höhle ist eine künstlich erschaffene Tropfsteinhöhle im Botanischer Garten. Loschgestraße 1–3.

(1907) Eröffnung der Neischl-Höhle im Botanischen Garten. Neischl, Bildmitte mit Kranz. Loschgestraße 1–3.

Adalbert Neischl (12. April 1853 in München; † 12. oder 19. Januar 1911) war ein Geologe und hatte zuletzt den Dienstgrad eines königlich bayerischen Majors. Er war Höhlenforscher in Franken und ein Mäzen der Universität Erlangen sowie der Naturhistorischen Gesellschaft Nürnberg.*

(2018) Botanischer Garten, Neischl-Höhle. Loschgestraße 1–3.

(1894) Altes Gymnasium und ehem. Marstall. Hörsaal des Mineralogisch-Geologischen Instituts um 1894. Im Bild einige Doktoren. Theaterstraße 3.

(2021) Bildmitte: Ehemaliger Marstall (Hofreitschule), sogenanntes „Langes Haus" in der Theaterstraße 3 (erbaut 1721/22). Rechts die Theaterstraße 1 (erbaut 18. Jh.). Foto: Gernot Amelang

Brauerei Hartmann - 1872 bis 1882

„Die Jäger kommen!" Diese Nachricht stand am Beginn der Geschichte der Brauerei Hartmann. Denn der Einzug des Königlich Bayerischen 6. Jägerbataillons in Erlangen war der Anstoß für ihre Eröffnung. Wie kam es nun genau dazu? Zunächst nämlich deutete nichts darauf hin, dass Johann Hartmann, als er 1855 das Haus in der Theaterstraße kaufte, darin einmal eine Gaststube und eine Brauerei für Soldaten eröffnen sollte. Zwar hatte das 1704 gebaute Haus schon fast 150 Jahre als Wirtshaus „Zur weißen Ente" und „Zum goldenen Mondschein" auf dem Buckel, aber Hartmann hatte kein Interesse am Betrieb der Wirtschaft, schloss dieselbe und eröffnete in dem Anwesen eine gut gehende Branntwein- und Spiritusbrennerei. 1868 wurde nun Erlangen zum Garnisonsort. Bis zur Fertigstellung der Jägerkaserne an der heutigen Bismarckstraße im Jahr 1877 wurden daher 52 „Jäger" im städtischen Redoutenhaus in der Theaterstraße untergebracht. Auf diese Situation reagierte Hartmann prompt. Noch 1868 eröffnete er die Wirtsstube wieder und vier Jahre später begann er sein eigenes Bier zu brauen. Dazu ließ er im Hinterhof den Schuppen zu einem massiven Sudhaus umbauen. Ein neues Kühlhaus vervollständigte die kleine Anlage, zu der aber keine Dampfmaschine gehörte. Johann Hartmann verstarb 1875. Sein Sohn und Nachfolger Andreas ließ in dem hinter dem Haus befindlichen Garten noch einen neuen, tieferen Bierkeller graben. Doch schon fünf Jahre nach dem Umzug der Soldaten musste Andreas Hartmann das Anwesen verkaufen und arbeitete als Bierbrauergeselle in der Erich-Bräu weiter. Das Scheitern der kleinen Brauerei lag wohl auch am Rückgang des Bierexportes aus Erlangen, der die großen Brauereien dazu veranlasste, den heimischen Markt, den sie zuvor außer Acht gelassen hatten, für sich zu beanspruchen. 1886 wurde das Sudhaus in ein Wohnhaus umgebaut. Heute erinnert noch der Hartmann-Keller am Burgberg

an der Ecke zum Enkesteig an die kurze Existenz der Brauerei. In dem einen Jahrzehnt ihres Bestehens war sie die kleinste Brauerei Erlangens. Der Bierausstoß betrug zwischen 85 Hektoliter im Gründungsjahr u. 600 Hektoliter im Jahr 1877. Die Henninger-Bräu produzierte zum Vergleich im selben Jahr 46.500 Hektoliter. Hertlein und Hartmann waren in jenen Jahren die einzigen Brauereien in Erlangen, die ihr Bier ausschließlich selbst verzapften.

Die Informationen wurden teilweise dem Buch „...ein Erlanger, bitte!" von Jochen Buchelt, H.-D. Dörfler und Martin Schieber (Verlag Junge & Sohn, 2000) entnommen.

(2021) Restaurant „Kulisse". Theaterstraße 8 (erbaut 1704). Foto: Gernot Amelang

(2012) Gasthaus „Kulisse", vormals Erlanger „Reifbräu Stübl". Theaterstraße 8. 1822 wird diese Straße als Enten Gasse bezeichnet (erbaut 1704).

(1908) Theater-Restaurant, Besitzer Nicolaus Haller. Theaterstraße 6 (erbaut 1704).

Diese Bodenplatte ist vor dem Haus Theaterstraße 8 zu sehen. Foto: Gernot Amelang

Beim Anwesen Theaterstraße 2, handelt es sich um ein sog. Richthaus. Nach dem großen Brand 1730 wurde Erlangen nach einem auf den rechten Winkel aufgebauten zentralsymmetrischen Grundriss geplant. An den Ecken der Straßenkreuzungen wurden Häuser errichtet, nach denen sich die spätere Zwischenbebauung zu richten hatte. Das Atriumhaus war in erstaunlich originalem Zustand. Ein Beispiel dafür, wie lange die handwerklich gutgemachten historischen Bauten überdauern können. Das Haus liegt an der Theaterstraße/Ecke Schiffsstraße, die als schönste Straße im Erlanger Zentrum gilt.

Carl Haag, (1886)
(20. April 1820 in Erlangen;*
† 17. Januar 1915 in Oberwesel)
war ein englischer Aquarell-, Miniatur- und Porträtmaler und Radierer deutscher Herkunft.

(2016) Geburtshaus von Carl Haag. Theaterstraße 2/Ecke Schiffstraße (erbaut 1718). Foto: Gernot Amelang

(2016) Geburtshaus von Carl Haag. Theaterstraße 2, rechts Bürgerhaus, Theaterstraße 4 (erbaut 1708). Foto: Gernot Amelang

Gemälde von Carl Haag, „Gefahr in der Wüste“ (1867).

(2021) Geburtshaus von Carl Haag. Theaterstraße 2/ Ecke Schiffstraße. Foto: Gernot Amelang

Das Haus in der Theaterstraße 10 wurde von einem Nagelschmied namens Georg Hack 1754 oder 1756 erbaut. Damals waren die Marställe der Markgräfin gegenüber. Haus Nr. 10 lag am Ende der Altstadt. Den Theaterplatz gab es nicht, da war nur Feld, Wald und Wiese.

(2016) „Hotelchen“ am Theater. Theaterstraße 10. Rechts: Boutique „Cocodrillo“. Theaterplatz 31. Foto: Gernot Amelang

(2016) Boutique „Cocodrillo“. Theaterplatz 31. Foto: Gernot Amelang

Die „Enoteca“ ist eine in Italien entstandene Kombination aus gehobenem Weinhandel, Feinkostgeschäft und Gastronomiebetrieb – eine Art Probierstube, in der Weine oft zum reinen Ladenpreis oder zu geringfügig höherer Probierpauschale zusammen mit Feinkostspezialitäten verköstigt u. anschließend bei Interesse zum Mitnehmen gekauft oder bestellt werden können.

(2022) „Enoteca“. Schiffstraße 2 (erbaut 1838). Foto: Gernot Amelang

(um 1960) Lebensmittelgeschäft von Anton Nagel, heute Bekleidungsgeschäft „Stellabella".
Schiffstraße 1 (erbaut 1721).

(2021) Secondhandshop „Stellabella". Schiffstraße 1 (erbaut 1721). Foto: Gernot Amelang

(um 1900) Franz Hummel, Tünchermeister. (Maler, Anstreicher). Schiffstraße 11 (erbaut 1716).

(2021) Wohnhaus. Schiffstraße 11 (erbaut 1716). Foto: Gernot Amelang

(1930) Die Brüder Wellhöfer vor ihrem Lastkraftwagen. Sie hatten von 1920–1965 ein Transportunternehmen in der Schiffstraße 4.

(2021) Links und Bildmitte, Strumpfwirkerhäuser. Neue Straße 22 und 24. Erdgeschossiger Quaderbau, Zwerchhaus (erbaut um 1751/52). Foto: Gernot Amelang

(2021) Mexikanisches Restaurant „El Sombrero", ehemalige Bäckerei. Neue Straße 15 (erbaut um 1798). Foto: Gernot Amelang

(2021) Neue Straße v. l. n. r.: Haus-Nr. 18–26 (erbaut um 1751/52). Foto: Gernot Amelang

(2021) Ehemaliges Feuerwehrgerätehaus der Altstadt. Neue Straße 1a/ Ecke Cedernstraße 1 (erbaut 1780). Auf der rechten Seite gegenüber ist Steinbach Bräu. Foto: Gernot Amelang

(1915) A. Fießelmann, Wirtschaft zum „Schwarzen Roß", Bäckerei und Bretterhandlung. Vierzigmannstraße 13, alte Hausnummer 695 (erbaut 1846).

(2021) Links neben der Tür befand sich 2017 noch ein Schaufenster. Erfolgreicher Rückbau. Vierzigmannstraße 13 (erbaut 1846). Foto: Gernot Amelang

(1923) Anton Bromig, Hornwarenfabrikant in der Vierzigmannstraße 18 (erbaut 1842).

(2021) Vierzigmannstraße 18.
Foto: Gernot Amelang

Steinbach Bräu - Brauerei und Mälzerei Steinbach seit 1653

Die Einrichtung der Thurn- und Taxis'schen Posthalterei an der Hauptstraße 116 (1653) steht in Verbindung mit dem Beginn der Bierproduktion. Unter wechselnden Besitzern wurde meist nur für den Eigenausschank gebraut, bis unter Georg Bechert ab 1848 ein starker Aufschwung kam. Dennoch verkaufte er 1861 an Carl Steinbach, dessen Nachfahren in fünfter Generation noch heute Mälzerei und Brauerei führen.

Wie das Bier auf die Keller kam

Im 18. und 19. Jahrhundert wurde das Bier aus der Altstadt mithilfe von Pferdegespannen zu den Kellern auf den Berg transportiert. Die Durchfahrt des nur 3,75 Meter breiten Bayreuther Tores war dabei immer ein Hindernis. Es passte immer nur ein Bierwagen hindurch. Auf Drängen der Brauereibesitzer wurde das Stadttor 1865 von der Stadtverwaltung abgerissen. Auf eigene Kosten ließen die Brauereien die Bergstraße und die Querstraße für das Befahren mit Fuhrwerken ausbauen.

Im Anwesen Hauptstraße 116 in Erlangen wird schon vor dem 30-jährigen Krieg Bier gebraut. 1653 bekommt Erlangen seine erste Posthalterei, die in diesem Anwesen untergebracht ist, angrenzend an die mittelalterliche Stadtmauer. In den Hofgebäuden sind die Stallungen und Futterlager für die Kutschpferde untergebracht. Das Bier wird zur Bewirtung der Postreisenden gebraut. Die ca. 500 m entfernten Felsenkeller am Burgberg, teilweise schon vor dem 30-jährigen Krieg gebaut, ermöglichen es den Bierbrauern, große Mengen Bier kühl zu lagern. Später können sie auch das Bier mit dem Eis aus dem Ludwig-Main-Donau-Kanal kühlen. Nicht zuletzt aus diesen Gründen war Erlangen im Jahr 1861, als Carl Steinbach die Brauerei erwirbt, im Bierexport führend vor Kulmbach, Nürnberg und München. Nach dem Tod von Carl Steinbach führen seine Söhne Karl und Fritz Steinbach die Brauerei weiter. Nach seiner Brauerausbildung in Freiburg, Berlin und Dortmund und einem Studium in Weihenstephan knüpft Dipl. Braumeister Christoph Gewalt seit Mai 1995 mit der Inbetriebnahme der Gasthausbrauerei an die alte Brautradition an. Mit Spezialmalzen aus der eigenen Mälzerei, Aromahopfen aus Spalt und Erlanger Wasser werden nun nach dem Reinheitsgebot aus dem Jahr 1516 nach alten Rezepturen mit neuester Technik unfiltrierte Biere hergestellt und in der Braugaststätte ausgeschenkt. Im Jahr 1997, pünktlich zu Pfingsten, ist die Steinbach Bräu mit ihrem original Steinbach-Bergkirchweihbier das erste Mal seit 1923 wieder auf dem Steinbachkeller am Berg. Der Gasthausbrauerei ist auch ein Museum angeschlossen, wo dem Besucher speziell die Rolle Erlangens in der Biergeschichte veranschaulicht wird.

(1916) Steinbach Bräu. Vierzigmannstraße 4.

Steinbach-Keller auf der Erlanger Bergkirchweih.

(um 1912) Wolfgang Ochs als Bierkutscher mit Gespann bei Steinbach Bräu.

Steinbach Bräu, Inh. Christoph Gewalt. Vierzigmannstraße 4.

(2016) Im April 2008 wurde das Erlanger Biermuseum im Sudhaus der Steinbach Bräu eröffnet. Vierzigmannstraße 4. So hat die Bierstadt Erlangen endlich ein eigenes Biermuseum erhalten. Foto: Gernot Amelang

(2016) Steinbach Bräu mit Biermuseum. Vierzigmannstr. 4. Foto: Gernot Amelang

(2016) Steinbach Bräu. Vierzigmannstraße 4. Foto: Gernot Amelang

(2016) Steinbach Bräu, Sudhaus mit dem kupfernen Braukessel. Foto: Gernot Amelang

(1920) Reichsposthalterei von 1653–1744. 1745 wurde die Poststelle in die Hauptstraße 57 verlegt. Bis 1824 blieben nur der Stall für die Pferde und wahrscheinlich die Wohnung des Posthalters in der Hauptstraße 116 (erbaut 1710). Heute Malzfabrik Steinbach.

(2018) Steinbach-Bräu. Vierzigmannstraße 4. Blick von der Cedernstraße. Foto: Gernot Amelang

(2016) Malzfabrik Steinbach. Im Anwesen Hauptstraße 116 in Erlangen wird schon vor dem 30-jährigen Krieg Bier gebraut. 1653 bekommt Erlangen seine erste Post, eine Reichsposthalterei, die in diesem Haus untergebracht ist, angrenzend an die mittelalterliche Stadtmauer (erbaut 1710). Fotos: Gernot Amelang

(1890) Ehemaliges „Wildmeisterhaus". Eine Schar Kinder hat sich für den Fotografen aufgereiht. Pfarrstraße 13 (erbaut Anfang 18. Jahrhundert, Obergeschoss 1933).

(2022) Ehemaliges „Wildmeisterhaus". Pfarrstraße 13 (erbaut Anfang 18. Jahrhundert, Obergeschoss 1933). Foto: Gernot Amelang

Der Erlanger Bahnhof

Bahnhofplatz 1.
Architekt: Eduard Rüber, Nürnberg.
1843/44 anstelle des Altensteinschen Palais errichtet.

(1840) Palais der Familie von Altenstein. 1751 erbaut und 1843 wegen des Bahnhofsneubaus abgerissen.

Um Platz für das Bahnhofsgebäude zu schaffen, wurde ab dem 13. Februar 1843 das dortige Palais Altenstein abgerissen. Aus Kostengründen wurde zunächst nur ein eingeschossiger Bau mit offener Säulenhalle errichtet. 1848 und 1853 war der Zutritt in den Bahnhof während der Ankunft und Abfahrt der Züge aller Personen verboten, welche nicht mitfahren wollten, so der Chronist von 1898.

Am 25. August 1844, dem Geburtstag König Ludwigs I., eröffneten die Bayerischen Staatsbahnen mit dem Ludwig-Süd-Nord-Bahn-Abschnitt Nürnberg–Bamberg den Bahnhof. Der reguläre Betrieb auf der Strecke begann am 01. September 1844, nachdem alle Bauarbeiten abgeschlossen waren; der Personenverkehr begann einen Monat später, am 01. Oktober 1844. Durch die Bahnanbindung konnten hier Brauereien florieren und sich neue Unternehmen ansiedeln. Der ursprünglich einstöckige Bahnhof mit seinem Vorplatz wurde noch im 19. Jahrhundert in einen repräsentativen Eingangsbereich umgestaltet. Der Erlanger Bahnhof war einer der ersten Bahnhöfe in Bayern, die unter staatlicher Kontrolle gebaut wurden. Der ursprüngliche Entwurf sah ein einstöckiges Sandsteingebäude mit zwei kurzen Flügeln vor, die als Warteräume dienten. Dieser Mitteltrakt verfügte zur Stadt- und Bahnseite über eine offene Vorhalle. Zwischen 1868 und 1870 führte Friedrich Bürklein den ersten Umbau durch, bei dem das gesamte Gebäude erweitert und die Veranda zu einer Arkadenloggia umgebaut wurde. 1919 wurde die Loggia in einen geschlossenen Vorbau umgewandelt. Am 15. Mai 1939 erlebte der Bahnhof mit der Inbetriebnahme elektrischer Züge einen neuen Aufschwung. In den 1950er-Jahren wurde die Loggia mit ihrem geschlossenen Vorbau durch einen modernen Wartesaal ersetzt. Nach einer Sanierung im Jahr 1991 wurde das Äußere des Bahnhofs in den Zustand der 1940er-Jahre zurückverversetzt, während das Innere völlig neu gestaltet wurde.

(1844) Der Bahnhof von Erlangen. Der Stich zeigt die erste Ausführung des Erlanger Bahnhofs.

(um 1880) Bahnhofsplatz. Der Bahnhofplatz hieß früher „Quadratplatz".

Der Bahnhof wurde erst in seiner zweiten Bauphase 1868–1870 in ein repräsentatives Gebäude umgestaltet. Das Dach erhielt damals einen zweigeschossigen Glocken- u. Uhrenturm. Die offenen Straßenrinnen verschwanden mit der Kanalisation 1883.

Bier-Nothilfe für Hamburg aus Erlangen

Die Eisenbahn, welche Erlangen bereits 1844 erreichte, ermöglichte den schnellen und günstigen Versand des Bieres über weite Strecken zu einer Zeit, als in vielen Orten noch Pferdekutschen und Ochsenkarren das Verkehrsgeschehen bestimmten. Am 07. August 1882 ging in Erlangen ein Zug mit 15 Waggons und 1000 Hektolitern Bier zum 3. Sängerfest nach Hamburg – zu einer Jahreszeit, in der anderswo aufgrund der Temperaturen kaum noch gutes Bier zu bekommen war. Die Fahrt nach Hamburg dauerte damals 27 Stunden.
Im 19. Jahrhundert begann der Aufstieg Erlangens zur größten Bierstadt Deutschlands. Selbst mit Kulmbach, Nürnberg und München konnte man damals mithalten oder sie sogar übertreffen. Das Erlanger Bier wurde nach ganz Deutschland und Übersee exportiert.
Jahrzehntelang rollten Erlanger Versandwaggons durch Deutschland und sicherten die Versorgung auswärtiger Bierliebhaber. In Erlangen gab es bei den Brauereien Erich, Henninger, Nicklas und Gebrüder Reif insgesamt 30 private Wagen, dazu kamen 17 Wagen der Königlich Bayerischen Staatseisenbahn - später Deutsche Reichs- und Bundesbahn.

(1882) Bier-Nothilfe für Hamburg aus Erlangen. Der Zug im Erlanger Bahnhof ist abfahrbereit.

(1890) Erlanger Bahnhofplatz. Nachdem sich die Eisenbahn zum wichtigsten Verkehrsmittel entwickelt hatte, wurde der Bahnhofplatz zu einem einladenden Eingangsbereich der Stadt umgestaltet. Er wurde mit Bäumen bepflanzt und erhielt 1886 ein Blumenrondell mit Springbrunnen.

(um 1890) Gasthaus „Zur Eisenbahn" mit Gastwirt Leonhard Siebenkäs und Studenten der Burschenschaft Bubenruthia. Ab 1897 steht an dieser Stelle ein Neubau des Hotels „Eisenbahn" (Gasthaus zur Eisenbahn), später „Bahnhof Hotel". Bahnhofplatz 5/Ecke Goethestraße (erbaut 1719/23).

(1890) Bahnhofplatz mit den „Zwillingshäusern". Ehemaliges Schulhaus der frz.-ref. Gemeinde. Bahnhofplatz 2. Pfarrhaus der frz.-ref. und der dt.-ref. Gemeinde. Bahnhofplatz 3. (erbaut 1719/23). Heute Gemeindezentrum der ev.-ref. Gemeinde. Bahnhofplatz 2 und 3. Rechts: die Calvin-, früher Bankstraße und die Hugenottenkirche.

(1891) Erlanger Güterbahnhof (heute Parkplatz). In der Bildmitte verläuft die Hauptstraße. Die erste sichtbare Straße ist die Südliche Stadtmauerstraße und dahinter die Güterhallenstr. Die Grünflächen sind die Gärten vom Loewenichschen Palais, heute Erlanger Arcaden. Blick auf das Gaswerk (heute Stadtwerke) und dahinter die mechanische Baumwollspinnerei AG (rechts). Schließung des Stammwerkes in Erlangen 1994. Foto: Georg Dassler

(1891) Erlanger Bahnhof. Im Vordergrund rechts die Hugenottenkirche. Im Hintergrund die Wöhrmühle und Alterlangen. Foto: Georg Dassler

(1897) Hotel „Eisenbahn“ (Gasthaus zur Eisenbahn). Bahnhofplatz 5. Links die Goethestraße und rechts der Bahnhofplatz.

(1897) Erlanger Bahnhof. Wo die Innere Brucker Straße die Gleise kreuzt, stand bis 1841 das Brucker Tor.

(1898) In der Bildmitte das Hotel „Eisenbahn (Gasthaus „Zur Eisenbahn“). Das alte Gasthaus „Zur Eisenbahn“ wurde abgerissen und durch diesen Neubau ersetzt. Die ehem. Bezeichnung (Gasthaus zur Eisenbahn) wurde mit übernommen und später geändert in „Bahnhof Hotel“. Bahnhofplatz 5 (erbaut 1897).

(1898) Bahnhofplatz mit Bahnhof. Links: Das Hotel „Eisenbahn“ (Gasthaus zur Eisenbahn), dann „Bahnhof Hotel“ und rechts daneben das Hotel „Erlanger Hof“ (erbaut 1897).

(1898) Bahnhof, Bahnsteigseite. Bahnhofplatz 1.

(1898) Bahnhofsgelände.

(1899) Bahnhof, Bahnsteigseite. Bahnhofplatz 1.

(1899) Erlanger Bahnhof. Das Hotel „Erlanger Hof" Inh. August Schwarz u. das „Bahnhof Hotel", ehem. Hotel „Eisenbahn", rechts die Hugenottenkirche.

(um 1900) Bahnhofplatz mit Bahnhof. Links: „Bahnhof Hotel" (Gasthaus zur Eisenbahn) und daneben Hotel „Erlanger Hof".

(1904) Der Bahnhof am Bahnhofplatz 1. Bahnhofsangestellte und ein Junge abseits der Gruppe (links) posieren für den Fotografen.

(1904) Bahnhofplatz und Goethestraße.

(1904) Bahnhof mit Brunnen. Bahnhofplatz. Der Fischerknabe mit Hecht steht heute auf dem Altstädter Kirchenplatz.

(1905) Der Bahnhof.
Bahnhofplatz 1.

(1905) Güterbahnhof.

Der Fischerknabe mit Hecht

Der bronzene Fischerknabe, der einen wasserspeienden Fisch in Händen hält, krönte ursprünglich die 1886 errichtete Brunnenanlage am Bahnhofplatz. Im Zuge einer Platzrenovierung 1952 wurde die Anlage entfernt. Im Jahr 1977 wurde die Skulptur erneut in einem Brunnen auf dem neu gestalteten Altstädter Kirchenplatz untergebracht. Zwischenzeitlich wurde der ehemalige Marktplatz als Parkplatz genutzt.

(1909) Bahnhof mit Bahnhofplatz.

Brunnen Fischerknabe mit Hecht.
Bahnhofplatz.

(1909) Bahnhofplatz mit Bahnhof. Links: „Bahnhof Hotel" (Gasthaus zur Eisenbahn) und daneben Hotel „Erlanger Hof".

(1910) Bahnhofplatz. Wie schön war dieser Platz. Heute, im Jahr 2025, nur noch ein Platz voller Müll und Dreck.

(1910) Bahnhof. Bahnhofsplatz 1. Das schön geschmückte Blumenrondell mit Brunnen Fischerknabe mit Hecht auf dem Bahnhofplatz.

(1910) Bahnhof. Bahnhofplatz 1.

(um 1910) Der Erlanger Bahnhof am Bahnhofplatz.

(um 1910) Links der Erlanger Bahnhof. Die Gleisüberquerung führt in die Innere Brucker Straße. Wo die Schienen die Straße quert, stand bis 1841 das Brucker Tor.

(03. Juli 1910) Erlangen feiert seine 100-jährige Zugehörigkeit zum Königreich Bayern. Empfang des Prinzen Ludwig am Bahnhof. Abfahrt vom Bahnhofvorplatz. Im Wagen neben dem Prinzen Regierungspräsident Dr. Julius Ritter von Blaul. Bahnhofplatz 1.

Dr. Julius Ritter von Blaul. (* 15. August 1853 in Frankenthal (Pfalz); † 26. Dezember 1930 in München) war Regierungspräsident von Mittelfranken.

(1915) Erster Weltkrieg 1914/18. Verladen der gesammelten Metalle. Am Wagen Orgelpfeifen aus Erlanger Kirchen. Güterhallen-/Güterbahnhofstraße.

(1915) Erster Weltkrieg 1914/18. Sanitätskolonne am Güterbahnhof. Güterhallen-/Güterbahnhofstraße.

(1915) Erster Weltkrieg 1914/18. Übernahme des von der Firma Reiniger, Gebbert & Schall gestifteten Vereinslazarettzuges V3. Stab und Mannschaft des Lazarettzuges. Güterhallen/Güterbahnhofstraße. Foto: Simon Katz

Modernste Lazarettzüge

Im Oktober 1914 erklärte sich die Erlanger Firma Reiniger, Gebbert & Schall AG bereit, einen modernen Lazarettzug zu finanzieren. Die Spende wurde „von der ganzen hiesigen Einwohnerschaft mit größter Freude und Dankbarkeit aufgenommen". Der Bayerische Vereinslazarettzug V3, der der Heeresverwaltung zur Verfügung gestellt wurde, war einer der am besten ausgerüsteten Züge in Deutschland.

(1915) Erster Weltkrieg 1914/18. Übernahme des von der Firma Reiniger, Gebbert & Schall gestifteten Vereinslazarettzuges V3. Güterhallen-/Güterbahnhofstraße. Foto: Simon Katz

(1915) Erster Weltkrieg 1914/18. Übernahme des von der Firma Reiniger, Gebbert & Schall gestifteten Vereinslazarettzuges V3. Güterhallen-/Güterbahnhofstraße. Foto: Simon Katz

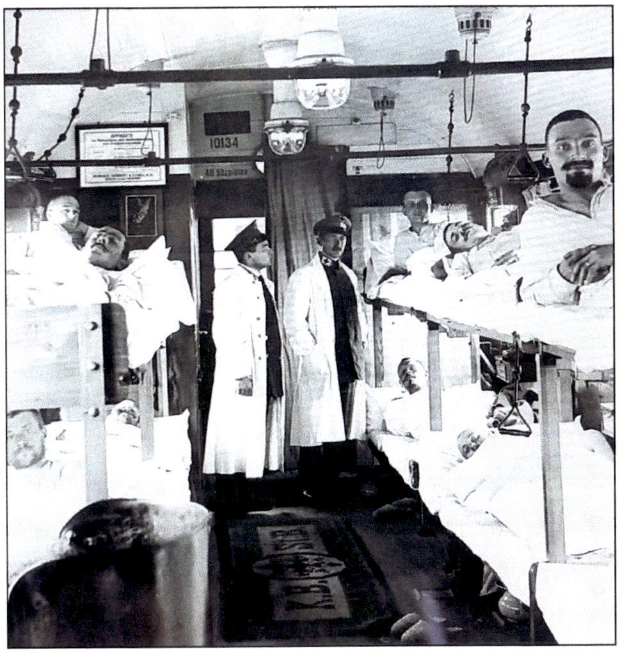

(1915) Erster Weltkrieg 1914/18. Visite im Lazarettzug.

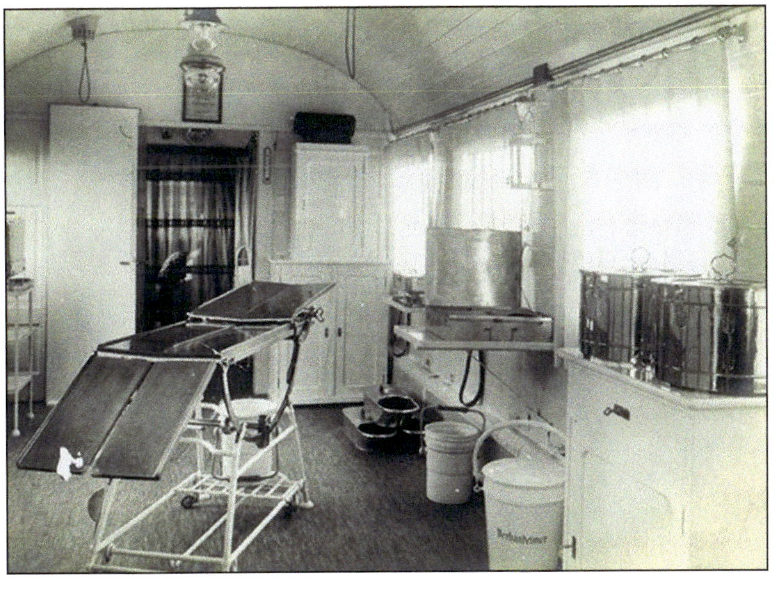

Erster Weltkrieg 1914/18.
Operationssaal im Lazarettzug V3.

(1915) Eintreffen eines Lazarettzuges.
Leitender Arzt Dr. Hetzel 3. v. l.
Güterhallen-/Güterbahnhofstraße.
Foto: Simon Katz

(1915) Erster Weltkrieg 1914/18.
Eintreffen eines Lazarettzuges an der Güterhallen-/Güterbahnhofstraße.
Foto: Simon Katz

(1915) Der Erlanger Bahnhof.
Soldaten auf dem Weg an die Front.
Für manche Soldaten war es ein Abschied für immer.

(1915) Am Bahnhof. Zusätzliche Soldaten für das 19. Infanterie-Regiment.
Foto: Simon Katz

(um 1915) Der Erlanger Bahnhof. Bahnhofplatz 1.

(um 1916) Der Bahnhofplatz. Im Vordergrund verläuft die Goethestraße.

(1916) Der Bahnhofplatz. Links das „Bahnhof Hotel“ und rechts daneben das Hotel „Erlanger Hof“. Bildmitte der Brunnen mit Fischerknabe und rechts dahinter der Bahnhof.

(1918) Der Bahnhofplatz hieß früher „Quadratplatz“. Blick vom Bahnhofsgebäude. Eine besonders schöne Aufnahme. Vor dem Bahnhof steht ein Mann im Frack. Ein kleines Mädchen an der Laterne beobachtet den Fotografen. Bahnhofplatz 1.

(1925) Ehemaliges Schulhaus der Französisch-reformierten Gemeinde, Bahnhofplatz 2. Pfarrhaus der Frz.-ref. und der Dt.-ref. Gemeinde. Bahnhofplatz 3. Heute Gemeindezentrum der Ev.-ref. Gemeinde (erbaut 1719/23).

(1913) Das Fahrradgeschäft von Georg Decker wurde 1934 beim Durchbruch der Goethestraße in die Güterhallenstraße beseitigt. Südliche Stadtmauerstraße 1. Georg Decker zog mit seinem Fahrradgeschäft in die Innere Brucker Straße 17. Er verkaufte in seinem Geschäft die Zweirad-Marke „Victoria“ von der „Victoria Werke AG“ aus Nürnberg.

(1937) Pfarrhaus der Frz.-ref. und der Dt.-ref. Gemeinde. Bahnhofplatz 3.

(1940) Metallsammlung zum Geburtstag des Führers und Reichskanzlers Adolf Hitler.

(1940) Metallsammlung zum Geburtstag des Führers und Reichskanzlers Adolf Hitler. Vor der Sammelstelle Südliche Stadtmauerstraße 35. Eingang war an der Fahrstraße. Foto: Ernst Deuerlein

(1940) Lastkraftwagen des Erlanger Panzer-Regiments mit der Aufschrift „Bordeaux-Paris-Erlangen" vor dem Bahnhof. Bahnhofplatz 1.

(1941) Eine Abteilung der Ersatz-Fahrabteilung steht abmarschbereit mit ihren Pferdegespannen am Bahnhofplatz und Goethestraße. Die schönen Kastanienbäume wurden 1953 bei der Umgestaltung des Bahnhofplatzes gefällt - „was für eine Schande".

(1941) Lazarettzug im Erlanger Bahnhof. Blick durch die Paulistraße in Richtung Schlossplatz.

(1946) Hotel „Erlanger Hof". Bahnhofplatz 4. Ein Willys MB Jeep der „Amis" steht vor dem Hotel.

(1949) Bahnhofplatz und Goethestraße.

(1949) Südseite des Bahnhofplatzes mit „Bahnhof Hotel“ und „Hotel Erlanger Hof“. Bahnhofplatz/Goethestraße. Foto: Eduard Rühl

(1950) Die reformierten Pfarrhäuser am Bahnhofplatz 2 und 3 und die Ostseite der Goethestraße nach Norden.

(1954) Verladearbeiten am Güterbahnhof/Güterbahnhofstraße. Der Blick des Fotografen geht in Richtung Goethestr. Dort, wo rechts und links die Waggons stehen, befinden sich heute rechts die Erlangen Arcaden und links ein Parkplatz. Im Hintergrund sieht man links die Hugenottenkirche und rechts die Neustädter Kirche. Vor den Häusern verläuft die Südliche Stadtmauerstraße und davor die Güterhallenstraße in Richtung Henkestraße.

(1964) Der Eingang zum Bahnhof nach der Umgestaltung. Bauzeit 6 Jahre. Nicht alles Neue ist schön! Bahnhofplatz.

(1964) Der Bahnhofseingang mit Bahnhofplatz nach der Umgestaltung. Die Stadtplaner hatten kein Mut zur kreativen Stadtgestaltung.

(um 1965) Der Bahnhofplatz nach der Umgestaltung. Blick von der Richard-Wagner-Straße.

(1967) Ehemaliges Schulhaus der Französisch-reformierten Gemeinde, Bahnhofplatz 2. Pfarrhaus der Frz.-ref. und der Dt.-ref. Gemeinde. Bahnhofplatz 3. Heute Gemeindezentrum der Ev.-ref. Gemeinde. (erbaut 1719/23). Im Hintergrund die Hugnottenkirche. Rechts verläuft die Walfischstraße, heute Calvinstraße.

(2017) Westliche Stadtmauerstraße mit Blick zum Bahnhofplatz mit Bahnhof. Foto: Gernot Amelang

(2018) Der Bahnhofplatz versinkt im Fahrradchaos. Foto: Gernot Amelang

(2020) Links: Ehemaliges Schulhaus der Französisch-reformierten Gemeinde, heute Gemeindezentrum. Bahnhofplatz 2 (gebaut um 1723, aufgestockt 1750). Foto: Gernot Amelang

(2020) Rechts: Evang.-ref. Pfarrhaus. Bahnhofplatz 3 (gebaut um 1723, aufgestockt 1750). Hintergrund: Hugenottenkirche.

(2020) Bahnhof mit Bahnhofplatz. Foto: Gernot Amelang

(2023) Bildmitte: der Bahnhofplatz. Im Vordergrund das Gemeindezentrum am Bahnhofplatz 2 (rechts) und das Pfarrhaus am Bahnhofplatz 3 (links). Im Hintergrund der Großparkplatz. Foto: Gernot Amelang

(Postkarte von 1938) Hotel „Erlanger Hof“. Bahnhofplatz 4.

(1951) Bahnhofplatz. Im Hintergrund das „Bahnhof Hotel" vor dem Umbau. Bahnhofplatz 5/ Ecke Goethestr. (erbaut 1897). Auf der linken Seite befindet sich das Textilgeschäft Weber (ehem. Palais Winkler von Mohrenfels). Hier sind noch die kleinen Auslagenfenster zu sehen. Diese werden später durch große Schaufensterfronten ersetzt. Calvinstraße 1.

(2018) Bäckerei Beck, vormals „Bahnhof Hotel". Bahnhofplatz 5/Ecke Goethestraße (erbaut 1897). Foto: Gernot Amelang

(2021) Ehemaliges Hotel „Erlanger Hof". Bahnhofplatz 4. Links daneben das ehemalige „Bahnhof Hotel". Das Hotel wurde zu einem modernen Apartmenthaus für Studierende und Langzeitgäste umgebaut. Elektroroller gehören mittlerweile zum Stadtbild. Fahrspaß oder Müllproblem? Foto: Gernot Amelang

(2020) Hier stand um 1890 das Gasthaus „Zur Eisenbahn". Ab 1898 stand hier bereits der Neubau mit der Bezeichnung „Gasthaus zur Eisenbahn"/ Hotel „Eisenbahn", später Umbenennung in „Bahnhof Hotel". Heute befinden sich im Gebäude Bahnhofplatz 5/Goethestraße Wohnungen und im Erdgeschoss die Filiale der Großbäckerei „Der Beck". Foto: Gernot Amelang

(um 1880) Hotel „Walfisch". Am Haus ist noch die französische Bezeichnung „Hôtel de la baleine" (Hotel zum Walfisch). Ehemaliges Palais des Freiherrn Julius Dietrich von Crailsheim. Hinter dem Gebäude befand sich ein großer Garten. Im Hotel „Walfisch" wohnte 1797 Johann Wolfgang von Goethe. Es wurde 1912 für den Bau eines Bankgebäudes abgerissen. Die beiden Häuser links neben dem Hotel „Walfisch" wurden für die spätere Post (erbaut 1897/98) abgerissen. Walfischstraße und heutige Calvinstraße. (erbaut 1668). Foto: Johann Georg Heintz

(1910) Werbekarte für das Hotel „Walfisch". Inhaber: Anton Ertl. Von 1764–1891 war das Hotel im Besitz der Familie Toussaint. 1912 wurde das Haus für den Neubau der Bayerischen Staatsbank abgerissen. Früher Französische Kirchstraße, Walfischstraße, Bankstraße und heute Calvinstraße 5.

(1909) Walfischstraße, heute Calvinstraße. Links der Bahnhofplatz, in der Mitte die Hugenottenkirche, rechts das ehemalige Hotel „Erlanger Hof".

(1910) Das Hotel „Walfisch".
Besitzer: Anton Ertl. Es war das vornehmste Hotel Erlangens. Man sagte, man werde hier nicht anders verwöhnt als in Paris oder London. Goethe wohnte im Hotel „Walfisch" in der Nacht vom 16. auf den 17. November 1797. Auch der Gründer des Germanischen Nationalmuseums in Nürnberg, Hans von Aufseß (1801–1872), weilte oft im „Walfisch". 1912 wurde das Haus für den Neubau der Bay. Staatsbank abgerissen. Ehem. Französische Kirchstraße, Walfischstraße, Bankstraße, heute Calvinstraße 5.

(1915) Kgl. Filialbank. Bankstraße 5. Vorher Hotel „Walfisch" in der Walfischstraße, heute Calvinstraße. Links daneben das alte Postamt, heute McDonald's-Filiale.

(2012) Ehemals Kgl. Filialbank, Staatsbank, dann Bayer. Vereinsbank. Heute befindet sich hier eine kieferorthopädische Praxis. Vor dem Neubau 1912–15 befand sich hier das Hotel „Walfisch". Calvinstraße 5. Foto: Gernot Amelang

1797 Besuchte Johann Wolfgang von Goethe Erlangen. Foto: Gernot Amelang

(2017) Früher Staatsbank, dann Bayer. Vereinsbank. Heute befindet sich in dem Gebäude eine kieferorthopädische Praxis. Vor dem Neubau 1912–1915 stand hier das Hotel „Walfisch", in der Walfischstraße (heute Calvinstraße 5/Ecke Hugenottenplatz). Foto: Gernot Amelang

Eingangsportal des Hauses Calvinstraße 1 (erbaut 1699).

Das Palais Winkler von Mohrenfels wurde im Jahr 1699 errichtet und befindet sich an der ehemaligen Bankstraße 1, heute Calvinstraße 1/ Ecke Goethestraße/Bahnhofplatz.

(2021) Palais Winkler von Mohrenfels. Calvinstraße 1 (erbaut 1699), ehemals Bankstraße 1, ehemals Wäschegeschäft „Weber am Bahnhof". Früher Theodor Weber Textilwaren. Heute befindet sich hier ein „Euro Shop". Rechts das ehemalige „Bahnhof Hotel" am Bahnhofspl. Das „Ladensterben" in Erlangen geht weiter! Foto: Gernot Amelang

(2017) „Galileo" Bar & Restaurant. Calvinstraße 3 (erbaut 1716). Rechts erkennt man noch das Wäschegeschäft „Weber am Bahnhof". Calvinstraße 1. Foto: Gernot Amelang

(2017) „Galileo" Bar & Restaurant. Calvinstraße 3 (erbaut 1716).

Die Heuwaagstraße

(1890) Brunnen an der Heuwaagstraße. Links oben am Bildrand ist noch die Halterung einer Gaslaterne zu sehen.

(1908) Das Gasthaus „sieben Türme". Das Gasthaus wurde bereits 1707 erwähnt. Die Besitzer hatten das Recht, Bier auszuschenken. 1758 erwarb Ludwig Franz Backert das Gasthaus. Um 1822 führte der Wirt Lampel das Gasthaus, das bei den Studenten keinen guten Ruf hatte. Bis 1923 führten die Wirtsleute Sprattler die Gaststätte. Im Hauseingang sind die Wirtsleute Sprattler mit ihren Kindern abgebildet. Heuwaagstr. 1/Ecke Dreikönigstr. (alte Haus-Nr. 69) (erbaut 1699).

(2021) Orthopädie-Schuhtechnik Lang. Ehemals Gasthaus „sieben Türme". Heuwaagstraße 1/ Ecke Dreikönigstraße (alte Hausnummer 69) (erbaut 1699). Foto: Gernot Amelang

(um 1900) Innenhof der Heuwaagstraße 10 (erbaut 1689).

(2021) Antikhaus Prahse. Heuwaagstraße 10 (erbaut 1689). Foto: Gernot Amelang

(1902) Eröffnung des Konsum- und Sparvereins Erlangen. Heuwaagstraße 12 (erbaut 1689). Später in der Südlichen Stadtmauerstraße 66 und Bohlenplatz 22.

(2021) Linkes Haus ist der ehemalige Konsum- und Sparverein, heute Friseurbedarf Staro in der Heuwaagstraße 12, rechts das Antikhaus Prahse Haus-Nr. 10 (erbaut 1689). Foto: Gernot Amelang

(1900) Laden von Johann Melchior Vache, Maschinen-Strickereien & Wollwaren. Heuwaagstraße 4.

(2024) Spätverkauf „Fox-Späti", ehemaliges Reisebüro. Heuwaagstraße 4. Foto: Gernot Amelang

(2011) Heuwaagstraße 7 (erbaut 1704).

(1930) Der Hof der „Schranne" (Getreidespeicher, aber auch Brot-, Fleisch- und Fischverkauf) zwischen Heuwaagstraße und Goethestraße. Der Ausgang zur Heuwaagstraße ist links zu sehen. Heuwaagstraße 7 (erbaut 1704).

(2015) Die Bodenplatte am „Richter'schen Eck". An der Ecke Heuwaagstraße 20/ Goethestr. 2 erinnert diese Bodenplatte an die Planung der Erlanger Neustadt. Die Umsetzung des Bebauungsplanes erfolgte in den ersten Jahren durch den damaligen markgräflichen Oberbaumeister Johann Moritz Richter. Die Stadt sollte eine rechteckige, von einer Ringstraße umschlossene Barockanlage werden. Die Reste der damaligen Ringstraße werden heute noch als „Richter'sches Eck" bezeichnet.

(um 1936) Goethestraße bis Heuwaagstraße („Richter'sches Eck").

(1936) Heuwaagstraße 20 und links die Goethestraße 2 (erbaut 1689). Auf diesem Foto ist der Durchbruch des Hauses Goethestraße 2 zur Westlichen Stadtmauerstraße noch nicht zu erkennen. Später wird hier die Heuwaag-Passage entstehen.
Foto: Wilhelm Panneck

(um 1982) Im Haus Heuwagstraße 20 wohnte und arbeitete lange Zeit die Kammmacherfamilie Jourdan. Ohne den bei der Renovierung 1982 abgeschlagenen Putz lässt das Haus erahnen, wie flüchtig es seinerzeit aus grob behauenen Sandsteinen errichtet wurde (erbaut 1689).

(2015) „Richter'sches Eck", links das Haus Goethestraße 2 und rechts Heuwaagstraße 20 (erbaut 1689). Foto: Gernot Amelang

(2021) Ehemaliges Französisch-reformiertes Spital. Goethestraße 2, rechts Heuwaagstraße 20 („Richter'sches Eck"), heute Heuwaag-Passage (erbaut 1689). Foto: Gernot Amelang

(2021) Eingang Heuwaag-Passage von der Westlichen Stadtmauerstr. Foto: Gernot Amelang

Am 12.09.1753 erwarb der Rat der Erlanger Neustadt die 1704 erbauten Häuser Heuwaagstraße Nr. 5 und 7. Im Haus Nr. 7 wurde die Heuwaage sowie die Waage für Kaufmannsgüter aufgestellt. Daneben wurden auch Gewölbe für die Waren eingerichtet, die hier eingelagert wurden, bevor sie in die Stadt eingeführt werden konnten. Nach der Vereinigung der Alt- und Neustadt 1812 wurden die städtischen Waagegeschäfte hier erledigt. Erlangen war bereits zuvor zu diesem Zweck von sich aus zugunsten der „kleinen“ Leute aktiv geworden. Im Dezember 1913 konnte der 1. Bürgermeister Dr. Theodor Klippel der Königlichen Regierung von Mittelfranken in Ansbach selbstbewusst berichten, dass Erlangen bereits seit November 1911 eine städtische Seefischhalle unterhalte. Dort, im Schrannengebäude im Anwesen Nr. 5 und 7 der Heuwaagstraße, fand 1913 jeweils am Donnerstag und am Freitag Seefischmarkt statt. Pro Woche wurden etwa fünf bis sechs Zentner Fisch verkauft. Je nach Preisangebot und Ware kaufte die Stadt bei unterschiedlichen Firmen ein. 1963 schloss die Stadtwaage in der Heuwaagstraße 7 und die Stadtwerke übernahmen die Waaggeschäfte. Straßenbezeichnung: 1686 Grand Rue, ab 1745 Waag Gasse, ab 1841 Heuwaaggasse und seit 1866 Heuwaagstraße.

(1936) Heuwaagstraße. Bildmitte links: Einfahrt zur „Schranne und Waage“. Heuwaagstraße 7 (erbaut 1704). Foto: Wilhelm Panneck

(1939) Einfahrt zur Erlanger „Schranne und Waage“. Heuwaagstraße 7 (erbaut 1704).

(1963) Abbau der Erlanger Stadtwaage. Heuwaagstraße 7.

(2021) „Klimperkasten“ - Musikkeller, ehemalige Einfahrt zur Heuwaage und Warenwaage. Heuwaagstraße 7. Foto: Gernot Amelang

Das Anwesen Heuwaagstraße 9 wurde 1704 im Rahmen der zweiten Aufbauphase der 1686 gegründeten Erlanger Neustadt erstellt und bereits 1713 erstmals als Gasthaus „Zum goldenen Fäßla" aktenkundig. Im 18. Jahrhundert war hier zeitweise das Stammlokal der Strumpf- und Barettstrickerzunft. Die Gaststätte zeichnete sich durch immer wieder vorkommende Polizeieinsätze aus (u. a. durch Übertretung der Polizeistunde, wenn Gäste beim „Nachzechen" erwischt wurden). In den Jahren 1910/1911 wurden etwa 160 Hektoliter pro Jahr ausgeschenkt (damals noch Biere der Erlanger Brauerei Erlwein & Schultheiß). Um das etwas schwierige Image loszuwerden, wurde das Lokal 1916 in „Zur Schranne" umbenannt, um dann bereits 1926 wieder in „Goldenes Fäßla" rückbenannt zu werden. In den 1930er-Jahren wurden jährlich ca. 130 Hektoliter Bier ausgeschenkt, was auch noch zu Beginn des Zweiten Weltkriegs so blieb, allerdings dann mit Dünnbier. Nach dem Zweiten Weltkrieg ging der Betrieb als Bierwirtschaft weiter, aber da schon längst mit Erlanger Reifbräu-Bieren. Noch 1961 wurden die Biergläser nur in einer kleinen Wanne, die auf der Theke stand, gereinigt. Durch die erhabene Fassadenbeschriftung „Goldenes Fäßla" blieb dieser Gaststättenname die ganze Zeit über präsent, auch wenn sich die jeweiligen Pächter durch neue Bezeichnungen vom Vorgänger abheben wollten. So hieß die Gaststätte seit 1983 u. a. Alterlang, The Blues, Bellini, die Paten, Balkantreff, Hexenhäusla, MOE's und Proberaum. Heute befindet sich hier das Friseurgeschäft „Haarpracht" von Claudia Kandler. Heuwaagstraße 9.

Die Informationen wurden teilweise dem Buch „...ein Erlanger, bitte!" von Jochen Buchelt, H.-D. Dörfler und Martin Schieber (Verlag Junge & Sohn, 2000) entnommen.

(2020) Bürgerhaus, ehemaliges Gasthaus „Goldenes Fäßla". Heuwaagstraße 9 (erbaut 1704). Foto: Gernot Amelang

(2020) Bürgerhaus, ehem. Gasthaus „Goldenes Fäßla". Heuwaagstraße 9 (erbaut 1704). Foto: Gernot Amelang

(1950) Rechts: Heuwaagstraße 18, hier befand sich das Geschäft eines Hafnermeisters (Ofenbaumeister). Die Einmündung der Goethe- in die Heuwaagstraße wird nach dem Baumeister Johann Moritz Richter „Richter'sches Eck" genannt. Foto: Eduard Rühl

(1938) Kolonialwarengeschäft Steidl.
Heuwaagstraße 6 (erbaut 1905).

(1951) Heuwaagstraße 6 (erbaut 1905).

(2021) Kunst-Haus Christina Kammerer.
Heuwaagstraße 6.
Foto: Gernot Amelang

(2021) Bis 1963 Stadtwaage, dann
Radio Fischer und heute Kunst-Café.
Heuwaagstraße 7 (erbaut 1704).
Foto: Gernot Amelang

(2021) Blick von der Hauptstraße
in die Heuwaagstraße.
Foto: Gernot Amelang

Die Goethestraße

(um 1920) Die Handschuhmacherei der aus Frankreich eingewanderten Familie Mengin gehört zu den ersten Betrieben, die 1686 eine Manufakturkonzession erhielten. Die Familie betrieb die Handschuhmanufaktur bis in die 1940er-Jahre. Das heute noch bestehende Gebäude wurde äußerlich weitgehend modernisiert und mit einer Schaufensterfront versehen. Goethestraße 44/Ecke Bahnhofplatz. (1706 erbaut). Die Grande Rue von Christian-Neustadt hieß ab 1812 Spitalstraße und heißt seit 1899 Goethestraße.

(um 1950) V. l.: Goethestraße 44 bis Nr. 38. Am Haus links das Zeichen der 1686 von J. P. Gills u. J. Mengin gegründeten Handschuhmanufaktur in Erlangen. Goethestraße 44/Ecke Bahnhofplatz. Foto: Eduard Rühl

(2018) Links: Goethestraße 44/ Ecke Bahnhofplatz. Rechts: Blick auf die Richard-Wagner-Straße 12. Traussneck Gold + Platinschmiede (neu gebaut 2015). Foto: Gernot Amelang

(2020) Goethestraße 44/Ecke Bahnhofplatz (erbaut 1706). Foto: Gernot Amelang

(2021) „Rotpunkt-Sport“ in der Goethestraße 44/Ecke Bahnhofplatz. An der Hausecke das Zeichen der Handschuhmanufaktur. Hier befand sich die Lederhandschuhfirma von Joh. Mengin und Sohn. Heute ist hier die Bahnhof-Apotheke (erbaut 1706). Foto: Gernot Amelang

(2021) Zeichen der 1686 von J. P. Gills und J. Mengin gegründete Handschuhmanufaktur. Goethestraße 44/Ecke Bahnhofplatz. Fotos: Gernot Amelang

(1949) V. l. n. r.: Goethestraße 50, in der Bildmitte Nr. 48 und 46 sowie Bahnhofplatz 5, dann Bahnhofplatz. Foto: Eduard Rühl

(2020) Goethestr. 56 bis Bahnhofplatz 5. 2. Haus v. l.: Bassler Orthopädie-Technik. Goethestr. 54 (erbaut 1753/54). Foto: Gernot Amelang

(2020) Goethestraße bis Heuwaagstraße. Foto: Gernot Amelang

(2020) Goethestraße bis Heuwaagstraße. Foto: Gernot Amelang

(2020) V. l.: Goethestraße 48 (erbaut 1708). Es folgten Haus-Nr. 46 und Bahnhofplatz 5. Foto: Gernot Amelang

(2020) Linke Seite: Goethestraße 44 (erbaut 1706) bis Goethestraße 2/Ecke Heuwaagstraße. Über dem Torbogen Haus-Nr. 44 steht 1686 vermutlich das Gründungsjahr der Handschuhmanufaktur der Familie Mengin in Erlangen. Hier hatte auch Joh. Mengin seine Lederhandschuhfabrik. (Am 17. Mai 1686 kamen die ersten französischen Glaubensflüchtlinge in Erlangen an). 1756 gehörte das Haus dem Weißgerber Isaac Aldebert. Foto: Gernot Amelang

(2018) Goethestraße 4. Am Haus befindet sich eine Gedenktafel für den Mathematiker Prof. Paul Gordan. Foto: Gernot Amelang

(2018) Früher stand hier das Gasthaus „Zur Eisenbahn". Dann der Neubau des Gasthauses „Zur Eisenbahn". Heute befindet sich in diesem Gebäude am Bahnhofplatz 5/Ecke Goethestraße das „Bahnhof Hotel" und im Erdgeschoss die Filiale der Großbäckerei „Der Beck". Foto: Gernot Amelang

(2018) Goethestraße 9 (erbaut 1707). Foto: Gernot Amelang

(2020) Goethestraße 7 (erbaut 1705/06). Foto: Gernot Amelang

(2018) Goethestraße 7, hier noch mit Fensterläden. Foto: Gernot Amelang

(2018) Links: Goethestraße 7 und rechts die Nr. 9. Foto: Gernot Amelang

(1907) Bildmitte: Ehemaliges Gasthaus „Brandenburgisches Haus“. Goethestr. 16. Das Haus rechts war das Gasthaus „Weißes Roß“. Goethestraße 14 (erbaut 1689).

(2021) Ehem. Gasthaus „Brandenburgisches Haus“. Komplettumbau. Heute „Tattoo Company“. Goethestraße 16 (erbaut 1689). Das Haus rechts daneben war das Gasthaus „Weißes Roß“, heute Lilys „Asia Imbiss“, Goethestraße 14 (erbaut 1689). Foto: Gernot Amelang

(2018) Links: Tattoo-Shop, ehemals „Brandenburger Haus“ Goethestraße 16, daneben ehemals Bar „Unfassbar“, (1907) noch „Weißes Ross“, (2019) ShaShamane Ethiopian Restaurant, (2020) noch im Umbau, Lilys „Asia Imbiss“ Goethestraße 14, rechts daneben ehemals Bar „Sky“, heute Bar „Wort und Klang“. Goethestraße 12 (die Häuser Goethestraße 16–12, erbaut 1689). Foto: Gernot Amelang

(2020) Lilys „Asia Imbiss“. Goethestraße 14 (erbaut 1689). Foto: Gernot Amelang

(2022) Bar „Wort und Klang“, ehemalige Bar „Sky“. Goethestraße 12 (erbaut 1689). Foto: Gernot Amelang

(2020) Goethestraße v. l. n. r.: Haus Nr. 16 bis 2/Ecke Heuwaagstr. Tattoo-Shop, Lilys „Asia Imbiss“ noch im Umbau, Bar „Wort und Klang“. Foto: Gernot Amelang

(2020) V. r. n. l.: Goethestraße 18 bis Hotel „Fränkischer Hof“ Nr. 34. Bildmitte rechts ist die Paulistraße. Foto: Gernot Amelang

(2020) Goethestraße in Richtung Güterhallenstr. Links: Das Restaurant „Goldener Mond“. Innere Brucker Straße 18/Ecke Goethestr. (erbaut 1717). Foto: Gernot Amelang

(2020) Goethestraße 56, (erbaut 1708). V. r. n. l.: Goethestraße 56–66, rechts in der Bildmitte die Innere Brucker Straße. Foto: Gernot Amelang

(2020) Goethestraße in Richtung Güterhallenstraße, v. r. n. l.: Nr. 4–64, linke Seite v. l. n. r.: Heuwaagst.11 bis Goethestr. 41. Foto: Gernot Amelang

(2020) Ehemaliges Gasthaus „Zur Weintraube", heute OMICRON Electronics Deutschland GmbH. Goethestraße 20/Ecke Paulistraße (erbaut 1702, Umbau 1709/1715). Foto: Gernot Amelang

(2020) Relief am ehemaligen Gasthaus „Zur Weintraube", die Inschrift 1706 im Kreis unter der Weintraube ist nicht mehr erkennbar. Goethestraße 20/ Ecke Paulistraße. Foto: Gernot Amelang

(1891) Das Gasthaus „Zum grünen Baum" wurde 1708 eröffnet. Der Straßenabschnitt der heutigen Goethestraße zwischen Pauli- und Helmstraße hieß ab 1751–1778 Beym grünen Baum oder auch Grüne Baum Gaß. Im Jahr 1897 lautete die Adresse noch Spitalstraße 31. Ab 1899 wurde die Straße offiziell in Goethestraße umbenannt. Das Gasthaus wurde 1896 zum Hotel „Kaiserhof" umgebaut. Goethestr. 28/ Ecke Helmstraße. Das Hotel wurde 1990 geschlossen und 2011 aus dem Handelsregister gelöscht (erbaut 1704/05). Foto: Georg Dassler

(1935) Hotel & Restaurant „Kaiserhof“, Inhaber: Carl Heilmann. Ehemals Gasthaus „Zum grünen Baum“. Rechts neben dem Eingang ist noch der Schriftzug Restaurant „Grüner Baum“ zu lesen. Goethestraße 28/Helmstraße (erbaut 1704/05).

(um 1935) Hotel „Kaiserhof“, ehemals Restaurant „Grüner Baum“. Goethestraße 28/Helmstraße (erbaut 1704/05).

(um 1939) Hotel „Kaiserhof“, ehemals Restaurant „Grüner Baum“. Goethestraße 28/Helmstraße.

(um 1955) Hotel „Kaiserhof". Goethestraße 28/Helmstraße.

(1986) Hotel „Kaiserhof". Goethestraße 28/ Helmstraße.

(1965) Hotelhalle vom Hotel & Restaurant „Kaiserhof", Inhaber: Alfons Wind. Ehemals Gasthaus „Zum grünen Baum". Im Jahr 2011 im Handelsregister gelöscht. Goethestraße 28/Helmstraße.

Diese Bodenplatte ist vor dem Haus Goethestraße 28. zu sehen.
Foto: Gernot Amelang

(2018) „Debeka" Versicherungsgruppe. Ehemaliges Hotel „Kaiserhof" und zuvor Gasthaus „Zum grünen Baum". Goethestraße 28/Helmstraße.
Foto: Gernot Amelang

Das Haus wurde 1697 in der ab 1686 entstandenen Erlanger Neustadt errichtet. Es befindet sich in der damaligen Grande Rue und ab 1812 Spitalstraße, seit 1899 ist der heutige Name Goethestraße verbindlich. Erster Hauseigentümer war Stephan Michael Hollenberger. Später kaufte das Anwesen der Hugenotte Jean Etiene Puy, in dem er eine Bäckerei eröffnete. 1708 erhielt er auch das Schankrecht ohne Schild für dieses Haus. Ab 1749 wurde an dieser Stelle kein Wirtshaus mehr betrieben. Das Haus blieb bis ins 19. Jahrhundert im Besitz der Familie Puy. Eine Bäckerei befand sich noch bis 1973 in dem Gebäude. 1989 und 1990 grundlegend saniert und modernisiert.

(1771) Andrang der Hungrigen im Jahr der Inflation vor dem Haus des Bäckermeisters Jean Pierre Puy (Hugenotte) an der Grande Rue, ab 1812 Spitalstraße, heute Goethestraße 32 (erbaut 1699).
Gemälde von Johann Simon Piehlmann (1753–1813).

(2021) Goethestraße 32 (erbaut 1699).
Foto: Gernot Amelang

(um 1900) Das „Hartnersche Haus", Textilgeschäft von Peter Katzer. Goethestraße 30/Ecke Helmstraße (erbaut 1699).
Rechtes Bild: (1950) Innenhof des Anwesens Goethestraße 30 mit hölzernem Laubengang.

(um 1950) Das „Hartnersche Haus“ wurde 1699 von dem Bäckermeister Etienne Hollenberger erbaut und kurz danach an den Schreinermeister August Gertrau aus Aldenlomazh (heute Altlommatzsch) bei Meißen verkauft. 1713 erwarb Johann Peter Hartner das Haus, er gründete hier eine Färberei. 1748 war Hartner Obermeister der Erlanger Färberzunft. 1760–1766: Erweiterung des Hauses zu seiner heutigen Gestalt. 1888 kaufte der Geschäftsmann Peter Katzner das Haus und eröffnete ein Textilgeschäft. 1949 Ausbau des Dachgeschosses und Einrichtung einer Zahnarztpraxis durch Christian Katzner. Goethestraße 30.

(2020) 3. Haus von links ist die Goethestraße 32 und das Eckhaus (Hartnersche Haus) die Goethestraße 30/Ecke Helmstraße (erbaut 1699, Erweiterung 1760–66). Foto: Gernot Amelang

(2020) Türportal vom Anwesen Goethestraße 30. Foto: Gernot Amelang

(2020) Das „Hartnersche Haus“ als hier der Friseursalon Canzaniello wirkte. Goethestraße 30/Ecke Helmstraße. Foto: Gernot Amelang

(1920) Gasthaus „Zum Markgrafen“, heute Restaurant „Schlotfeger“. Goethestraße 38 (erbaut 1688).

(2021) Restaurant „Schlotfeger“, ehemaliges Gasthaus „Zum Markgrafen“. Goethestraße 38 (erbaut 1688). Foto: Gernot Amelang

(Postkarte um 1930) Gasthaus „Zum Markgrafen“, heute Restaurant „Schlotfeger“. Goethestraße 38.

(2020) Gasthaus „Amasina“, ehemals „Maalula“. Goethestraße 36 (erbaut 1800). Foto: Gernot Amelang

(1956) 1758 verkaufte die Witwe Johanna Gottliebe von Waldeck das Haus mit der Schankkonzession „Goldenes Lamm“ an den Metzgermeister Georg Reusch. Zwischen 1745 und 1822 war die Richard-Wagner-Straße, die 1913 ihren offiziellen Namen erhielt, auch unter dem Namen Französische Kirchen-Gasse bekannt. Ab 1841 wurde die Straße Lämmleingasse, Lammgasse u. Lammstraße genannt. Möglicherweise zurückzuführen auf das Gasthaus „Goldenes Lamm“. Das Gasthaus wurde im 19. Jhd. geschlossen.
Richard-Wagner-Straße 12/Ecke Goethestraße (vermutlich 1708 erbaut). Foto: Rudi Strümpel

(2012) Modegeschäft „New Look“. Ehemals Gasthaus „Goldenes Lamm“. Nach komplettem Umbau befindet sich heute an dieser Stelle die Goldschmiedewerkstatt Traussneck. Richard-Wagner-Str. 12/Ecke Goethestraße.
Foto: Loebe J. E.

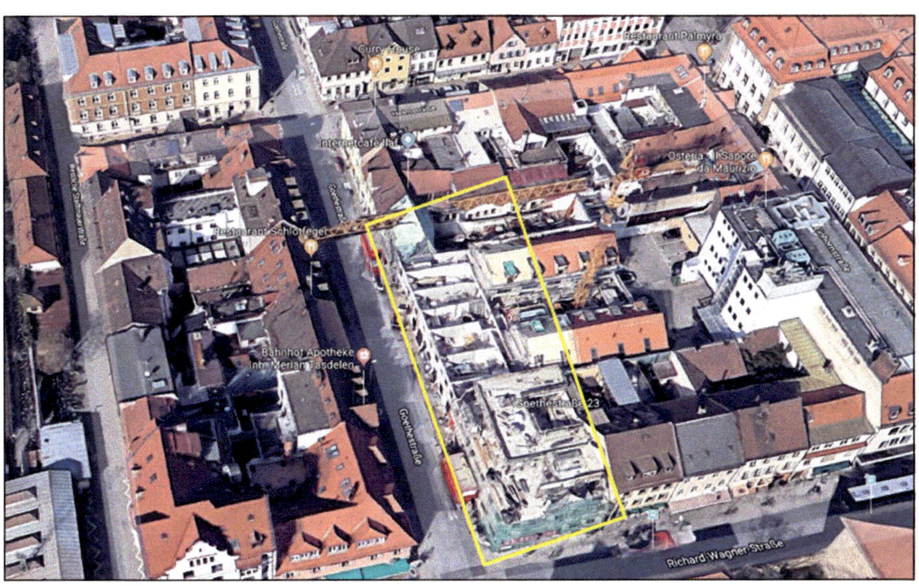

(2015) Luftaufnahme der Baustelle Goethestraße 19 bis 23/ Ecke Richard-Wagner-Straße. Der Abriss des Gundelhauses“ in der Goethestraße 21 war unumgänglich. Die entstandene Baulücke wurde mit einem Neubau geschlossen. Die übrigen Bestandsgebäude wurden im Innenhof durch einen Neubau mit weiteren Wohneinheiten ergänzt. Die Fassaden des denkmalgeschützten Hauses Nr. 19 und des noch in der Denkmalliste verzeichneten Hauses Nr. 23 sollten als historische Bauten aus dem 18. Jahrhundert erhalten bleiben. Dazu wurden die alten Sandsteinfassaden abgetragen, gereinigt, behauen und wieder eingesetzt.

(2013) Goethestraße 19 (erbaut 1707). Foto: Loebe J. E.

(2018) Goethestraße 19. Die historische Fassade wurde erhalten (neu gebaut 2015). Foto: Gernot Amelang

(2012) Goethestraße 23. Die sogenannten „Gundel-Häuser" mit und neben dem ehemaligen Haushaltswarengeschäft Gundel. Das Haus Nr. 21 wurde bereits abgerissen und durch einen Neubau ersetzt. Haus Nr. 23 ist heute Goethestraße 21a. In diesem Gebäude befindet sich die Tourist-Information Erlangen. Foto: Loebe J. E.

(2018) V. l. n. r.: Goethestraße 21, hier befand sich das Haushaltswarengeschäft Gundel. Die Sandsteinfassade des Hauses 21a (gehört zu den Gundel-Häusern) wurde mit den Originalsteinen wieder aufgebaut. (Haus Nr. 21a war das alte Haus Nr. 23). (Ein Teil des Eckhauses Richard-Wagner-Straße 12 ist heute Goethestraße 23). Hier wurden die Hausnummern neu vergeben (Neubau 2015). Foto: Gernot Amelang

(2018) Heutigen Hausnummern v. l. n. r.: Goethestraße 19, 21, 21a und 23 sowie das Eckhaus Richard-Wagner-Straße 12 (Neubau 2015).
Foto: Gernot Amelang

(2022) Traussneck Gold- und Platinschmiede. Die heutigen Hausnummern v. l. n. r.: Goethestraße 23 und das Eckhaus Richard-Wagner-Straße 12. An dieser Stelle stand das Gasthaus „Goldenes Lamm“ (Neubau 2015). Foto: Gernot Amelang

Diese Bodenplatte ist vor dem Haus Richard-Wagner-Str. 12 zu sehen.
Foto: Gernot Amelang

(05. 04. 2020) V. r. n. l.: Goethestraße 30–66.
Foto: Gernot Amelang

(1920) Kuttlerstraße 7, ehemals Kuttlers Gaße 29 (erbaut 1706, Portal erste Hälfte 19. Jahrhundert). Der Straßenname geht auf das Metzgerhandwerk zurück. Hier wohnten Metzger (Kuttler), die ausschließlich Innereien von Wiederkäuern (Kutteln oder Kaldaunen) verkauften.

(2020) Kuttlerstraße 7 (erbaut 1706, Portal erste Hälfte 19. Jahrhundert). Foto: Gernot Amelang

(2020) Kuttlerstraße 7, ehemals Kuttlers Gaße 29 (erbaut 1706). Foto: Gernot Amelang

(2020) V. r. n. l.: Kuttlerstraße 9–1. Das Eckhaus ist schon die Hauptstraße 53. Foto: Gernot Amelang

(2020) Links: Kuttlerstraße 2, danach folgt bis zur Hauptstraße ein Neubau. Rechte Seite v. r. n. l.: Kuttlerstraße 9–1 und Eckhaus Hauptstraße 53. (Kuttlerstraße war früher Kuttlers Gaße). Foto: Gernot Amelang

(1941) Kuttlerstraße Nordseite. Das Haus rechts wurde abgerissen und durch einen Neubau ersetzt. Foto: Ernst Deuerlein

(2020) Kuttlerstraße 1. Früher Kuttlers Gaße (erbaut 1715). Foto: Gernot Amelang

(2020) V. r. n. l.: Kuttlerstraße 1 und Eckhaus Hauptstraße 53 (erbaut 1710). Foto: Gernot Amelang

Der Bohlenplatz

Etwa 1760 war im Bereich des heutigen Bohlenplatzes das Arme-Leute-Viertel Erlangens entstanden. Es war geprägt von Häusern und Katen armer Strumpfwirker und Leinenweber. Der Platz wurde als Sandgrube oder Schuttabladeplatz missbraucht. Dieses Elendsviertel wurde in Anlehnung an den damals aufkommenden Begriff „polnische Wirtschaft", „in Polen" oder „Kleinpolen" genannt. 1780 versuchte man durch Baumbepflanzung diesen ein Ende zu machen. Der Platz „bey der Teutschen Reformierten Kirche" (alte Schreibweise) erhielt erst 1875 offiziell den Namen „Bohlenplatz". 1887 erfolgte eine Neugestaltung des Platzes, welche dem heutigen Charakter ähnlich war. Von 1933 bis 1945 trug der Platz den Namen des Schriftstellers und Verlegers Dietrich Eckart. Im Laufe der Epochen hatten die Stadtplaner einige Baupläne für den Bohlenplatz, die aber nie realisiert wurden. 1836 sollte hier der Bahnhof gebaut werden. 1910 wurde vorgeschlagen, auf dem Platz ein Freibad zu errichten. Auch der Bau eines Kriegerdenkmals im „Dritten Reich" wurde nicht realisiert.
1919 errichtete die Stadt auf dem Bohlenplatz einen der ersten Kinderspielplätze (gute Idee!). Auf dem Bohlenplatz gibt es noch immer einen Spielplatz für Kinder.

(um 1900) Bohlenplatz. Blick in die Obere Karlstraße. Links die Deutsch-reformierte Kirche (heute Gemeindehaus).

(um 1900) V. r. n. l.: Bohlenplatz 5–15.

(1900) Bäckerei und Melberei (Mehlhandlung) Sebastian Pickelmann. Bohlenplatz 15 (erbaut Erdgeschoss 1798, Obergeschosse vor 1829).

(um 1910) Bäckerei und Melberei (Mehlhandlung) Sebastian Pickelmann. Bohlenplatz 15 (erbaut Erdgeschoss 1798, Obergeschoss vor 1829).

(1940) Bildmitte: Bäckerei von Sebastian Pickelmann. Bohlenplatz 15. Im „Dritten Reich" hieß der Bohlenplatz Dietrich-Eckart-Platz.

(2020) Bäckerei Pickelmann. Bohlenplatz 15. Früher waren es zwei voneinander getrennte Häuser. Heute gehört die Hälfte des Hauses Nr. 14 zur Bäckerei. Foto: Gernot Amelang

(2025) Links die Bäckerei Pickelmann, Bohlenplatz 15, in der Mitte der Friseur- und Kosmetiksalon Neli. Bohlenplatz 15a. Foto: Gernot Amelang

(2020) Friseur- und Kosmetiksalon Neli. Bohlenplatz 15a. Foto: Gernot Amelang

Diese Bodenplatte ist vor dem Haus Bohlenplatz 4 zu sehen. Foto: Gernot Amelang

(2021) Restaurant „Delphi“ zuvor Gasthaus „Hofbräu Stübel“. 1731 wurde hier das Wirtshaus „Zu den 3 Rosen“ eröffnet. Das Restaurant „Delphi“ ist heute geschlossen. Bohlenplatz 4 (erbaut 1729). Foto: Gernot Amelang

(2021) Ehem. Restaurant „Delphi“. Bohlenplatz 4 (erbaut 1729). Links verläuft die Krankenhausstraße. Dieser Bereich bis Ecke Universitätsstraße wurde von 1745–1788 auch Rosen Straße oder auch als Drei-Rosengasse genannt. 1875 erhielt diese Straße den offiziellen Namen Krankenhausstraße. Foto: Gernot Amelang

Examinatorenhaus am Buckenhofer Tor

(um 1900) Das 1786 erbaute Examinatorenhaus (Zollhaus) am Buckenhofer Tor mit einem Teil der Stadtmauer, die im 18. Jahrhundert die ganze Stadt umgab. Der Quaderbau mit seinem charakteristischen, weit zur Straße vorspringenden Dach, unter dem Passanten und Examinatoren (Prüfer) Schutz vor der Witterung fanden, war 1881 baufällig geworden und musste 1910 dem Bau der Ohrenklinik weichen. Wald- /Ecke Luitpoldstraße, Bohlenpl. 19. Heute Hals-, Nasen-, Ohrenklinik der Universität Erlangen.

(um 1908) Das alte Zollhaus am Buckenhofer Tor und ehemalige Polizeiwache. Wald-/ Luitpoldstraße (heute HNO-Klinik der Universität). Auf dem Bild ist eine bauliche Veränderung zu erkennen. Ein Fenster wurde durch eine zusätzliche Tür ersetzt. Bohlenplatz 19.

(1909) Bohlenplatz. Links das Examinatorenhaus (Zollstelle). In dem einstöckigen Haus war bis 1881 eine Zollstation untergebracht. Unter Oberbürgermeister Dr. Georg Schuh wurde der Platz 1887 zu einer Grünanlage mit reichem Baumbestand und einer diagonalen Fahrbahn umgestaltet. Bohlenplatz 19.

Entwicklung der HNO-Klinik von 1877–1916

Das bedeutendste Bauprojekt in Erlangen zu Beginn des 20. Jahrhunderts war die Hals-Nasen-Ohren-Klinik. Sie entstand aus bescheidenen Anfängen und war zunächst weder strukturell noch institutionell eigenständig. Seit 1877 fanden in den Räumen der Chirurgischen Klinik studentische Vorlesungen statt, 1881 wurde ein kleiner Warteraum angebaut. 1887 gab die Chirurgische Klinik den Hörsaal auf und erhielt als Entschädigung zwei neu errichtete Räume. Nördlich der Chirurgischen Klinik wurde 1889 die Ohrenklinik als eigenständiger Anbau errichtet und 1902 ein Operationssaal eingerichtet. Der Operationssaal war jedoch so klein, dass die Studenten den Operationssaal nicht einsehen konnten, und es herrschte nach wie vor große Raumnot. Auch die Zahl der Krankenbetten war zu gering. 1912 wurde schließlich ein neues Klinikgebäude geplant. Zunächst war das Gelände der Brauerei Erlwein & Schultheiss zwischen Bohlenplatz und Universitätsstraße im Gespräch, doch der Kauf erwies sich als zu teuer. Daraufhin wurde das Grundstück an der Südostecke des Bohlenplatzes in Betracht gezogen und das „Hausersche Grundstück“ an der Westseite erworben. Baubeginn war am 03. Februar 1914, mitten im Krieg wurde am 06. Mai 1916 die Hals-Nasen-Ohren-Klinik eröffnet. Ausgelegt für 44 Betten gab es im Erdgeschoss eine Poliklinik mit eigenem Eingang und im ersten Stock ein Auditorium, im ersten Stock einen Operationssaal und eine Frauen- und Kinderstation, im zweiten Stock eine Männerstation. Außerdem gab es auf jeder Etage einen Isolierraum und im Garten ein separates Gebäude mit einer Infektions-abteilung.

(um 1916) Die neue Hals-Nasen-Ohrenklinik an der Südostecke des Bohlenplatzes in der Waldstraße 1/Ecke Bohlenplatz (erbaut 1914).

(um 1920) Universitätsklinik für Ohren-, Nasen- und Kehlkopfkrankheiten. Rückseite der Klinik. Waldstraße 1.

(um 1925) Bohlenplatz. (von 1933–1945 Dietrich-Eckart-Platz). Rechts die HNO-Klinik (erbaut 1914).

(1932) Universitätsklinik für Ohren-, Nasen- und Kehlkopfkranke an der Südostecke des Bohlenplatzes in der Waldstraße 1/Ecke Bohlenplatz. Rechts die Landesanstalt für Bienenzucht. Bohlenplatz 21.

(1941) Neben der HNO-Klinik ist die Landesanstalt für Bienenzucht. Heute ein Gebäude der HNO-Klinik Erlangen. Dietrich-Eckart-Platz 21 (erbaut 1858).

(1941) Universitätsklinik für Ohren-, Nasen- und Kehlkopfkranke an der Südostecke des Dietrich-Eckart-Platzes (Bohlenplatz) in der Waldstraße 1.

(1941) Die neue Hals-Nasen-Ohrenklinik an der Südostecke des Bohlenplatzes in der Waldstraße 1/ Ecke Dietrich-Eckart-Platz (Bohlenplatz).

(1948) Universitäts-Ohrenklinik und rechts die Landesanstalt für Bienenzucht. Heute Staatliche Berufsfachschule für Logopädie am Klinikum der Universität Erlangen-Nürnberg, Waldstraße 1 und Bohlenplatz 21.

(um 1950) Die neue Klinik für Hals-, Nasen- und Ohrenheilkunde an der südöstlichen Ecke des Bohlenplatzes in der Waldstraße 1.

(1953) Universitätsklinik für Hals-, Nasen- und Ohrenheilkunde. Waldstraße 1/Ecke Bohlenplatz.

(2021) Die HNO-Klinik des Uni-Klinikums Erlangen. Waldstraße 1/Ecke Bohlenplatz. Foto: Gernot Amelang

(2020) Staatliche Berufsfachschule für Logopädie am Klinikum der Universität Erlangen-Nürnberg. Bohlenplatz 21. Ehemaliges Gebäude der Landesanstalt für Bienenzucht. Foto: Gernot Amelang

Bis zur Mitte des 19. Jhd. endete die Bebauung der Friedrichstraße mit dem 1731 errichteten Gasthaus zum „Weißen Lamm“, das seit 1798 „Hotel de Baviere“ und nach 1810 „Bayerischer Hof“ hieß. Es zählte zu den vier besten Gasthäusern Erlangens und war von 1799–1879 das bevorzugte Kommershaus des Corps Onoldia. Das Viertel hieß damals „Kleinpolen“, aus dem später der Bohlenplatz wurde.

(um 1910) Ehem. Gasthaus „Weißes Lamm“ und bis 1905 „Bayerischer Hof“, dann Geschäft der Konsumgenossenschaft, Apotheke und Trödelwarenladen sowie Kommershaus der Ansbacher Landsmannschaft. Bohlenplatz 22 (erbaut Erdgeschoss 1757, Obergeschoss erneuert 1912).

(2015) Ehemaliges Gasthaus „Weißes Lamm". Bohlenplatz 22, heute Hörgeräte Seifert (erbaut Erdgeschoss 1757, Obergeschoss erneuert 1912). Links die Raumerstraße. Foto: Gernot Amelang

(2020) Am Türportal der Hinweis auf das „Weiße Lamm" und die Erbauung von 1757. Bohlenplatz 22. Foto: Gernot Amelang

(2024) Ehemaliges Gasthaus „Weißes Lamm". Über dem prächtigen Eingangsportal ein Hinweis zur Erbauung und Erneuerung des Hauses. Bohlenplatz 22. Foto: Gernot Amelang

(2020) Ehem. Geschäftseingänge. Nach dem Gasthausbetrieb wurde das Haus umgebaut und es waren unterschiedliche Geschäfte hier ansässig. Bohlenplatz 22. Foto: Gernot Amelang

(2020) Gut sichtbar, die Stufe des Eingangs eines ehem. Geschäfts. Bohlenplatz 22. Foto: Gernot Amelang

(2024) Ehemaliges Gasthaus „Weißes Lamm". Bohlenplatz 22. Foto: Gernot Amelang

(1910) Transportunternehmen Georg Baier (heute Ludwig Baier GmbH), damaliger Firmensitz am Bohlenplatz 5. Am 10. September 1885 gründete Georg Baier am Bohlenplatz 5 als „Güterschaffer" (Spediteur) sein Transportgeschäft. Mit einem Pferdefuhrwerk transportierte er anfangs Güter vom Bahnhof zu den Läden sowie Kisten und Koffer der Studierenden, die zu Semesterbeginn nach Erlangen kamen.

(1941) Nach dem Ersten Weltkrieg traten die Söhne Ludwig und Robert Baier in das Transportunternehmen ein. Die Firma Baier setzte ihre Möbel- und Lastwagen auch für Verwundetentransporte ein. Im Bild zu sehen ein Transportwagen vom Firmensitz des Kofferschen Anwesens in der Raumerstraße 1 1/2.

(1949) Der Bohlenplatz hieß von 1933–1945 Dietrich-Eckart-Platz. V. r. n. l.: Bohlenplatz 15–4. Foto: Eduard Rühl

(1949) V. l. n. r.: Bohlenplatz 4–15. Links geht es in die Krankenhausstraße. Das Haus am Bohlenplatz 4 war seit 1731 das Wirtshaus „Zu den 3 Rosen“. 1921 erwarb die Hofbräu AG Bamberg-Erlangen das Gasthaus. Ab 1931 hieß das Gasthaus „Hofbräu Stübel“, dann folgte das griechische Restaurant „Delphi“. Ab 2019 dauerhaft geschlossen (erbaut 1729 und 1731). Im Eckhaus gegenüberliegend befand sich seit 1757 die Wirtschaft zu den „Schwarzen Husaren“. Obere Karlstraße 34 (erbaut 1728, im 19. Jahrhundert verändert). Foto: Eduard Rühl

In diesem Haus befand sich der Verwaltungssitz der Jüdischen Gemeinde. Bohlenplatz 16. Diese Häuser stehen nicht mehr. Sie wurden durch einen Neubau ersetzt. Heute befindet sich hier das Staatliche Bauamt Erlangen-Nürnberg.

(1966) Das ehemalige Arbeitsamt (1930–1964), kurz vor dem Abriss.
Das Haus Bohlenplatz 18 liegt an der Ecke Östliche Stadtmauerstr. Der Flachbau ist Bohlenplatz 17.
Foto: Otto Paul

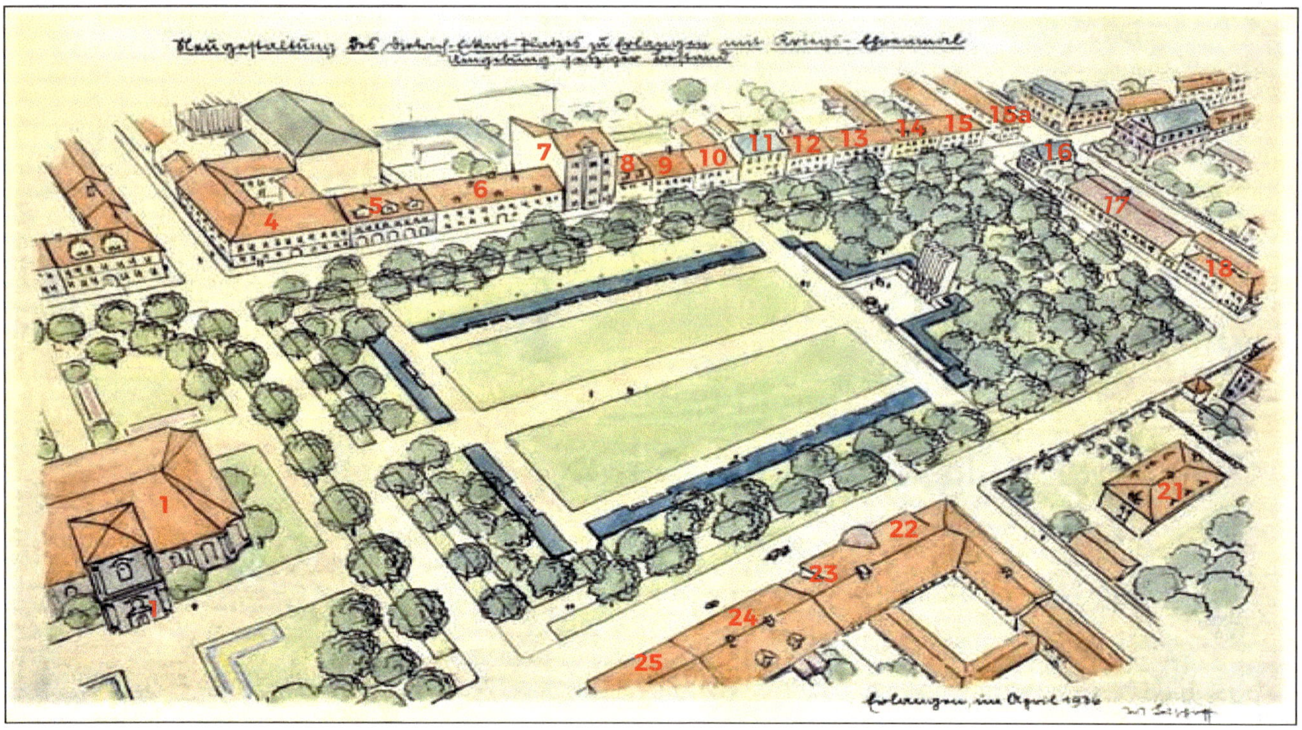

(1936) Plan der Neugestaltung des „Dietrich-Eckart-Platzes“ (Bohlenplatz) mit Kriegs-Ehrenmal vom Erlanger Bildhauer Walther Bischoff. Die Hausnummerierung am Bohlenplatz.

(2020) Bohlenplatz 16 war Verwaltungssitz der jüdischen Gemeinde, in den Häusern 17 und 18 befand sich von 1930 bis 1964 das Arbeitsamt. Die Häuser 16 bis 18 wurden Ende der 1960er Jahre abgerissen. (Siehe Plan Bohlenplatz). Heute befindet sich hier das Staatliche Bauamt Erlangen-Nürnberg.
Bohlenplatz 18/Ecke Östliche Stadtmauerstraße.
Foto: Gernot Amelang

(2020) Staatliches Bauamt Erlangen-Nürnberg. Bohlenplatz 18/Ecke Östliche Stadtmauerstr.
Foto: Gernot Amelang

Inhaltsverzeichnis

Straßenverzeichnis und Seitenangabe

In meinem Bildband sind Fotos enthalten, die die Zeit des Nationalsozialismus sachlich beschreiben und eine rein historische Dokumentation widerspiegeln.
Es wurden Fotos verwendet, deren Urheber benannt, unbekannt oder urheberrechtsfrei sind.

Es wurden Fotos von den folgenden Fotografen verwendet:

Amelang, Gernot

Bergmann, Leonhard

Dassler, Georg

Deuerlein, Ernst

Heintz, Johann Georg

Hopp, Georg

Katz, Simon

Keller, Josef

Panneck, Wilhelm

Paul, Otto

Quast, Jochen

Rühl, Eduard

Schmidt, Ferdinand

Strümpel, Rudi

Nürnberger Nachrichten emr.

Archiv Greiner

Don Manfredo
https://commons.wikimedia.org/wiki/File:Erlangen_Hauptstrasse_48_498.jpg

Loebe, J. E.
https://commons.wikimedia.org/wiki/File:Erlangen_Hauptstra%C3%9Fe_110_001.JPG

Loebe, J. E.
https://commons.wikimedia.org/wiki/File:Erlangen_Rokokohaus_002.JPG

Loebe, J. E.
https://commons.wikimedia.org/wiki/File:Erlangen_Harfenstra%C3%9Fe_13_001.JPG

Loebe, J. E.
https://commons.wikimedia.org/wiki/File:Erlangen_Goethestra%C3%9Fe_19_004.JPG

Loebe, J. E.
https://commons.wikimedia.org/wiki/File:Erlangen_Richard-Wagner-Stra%C3%9Fe_12_001.JPG